かなしん150選書｜02

亞《ア》墨《メ》理《リ》駕《カ》船渡来日記

横浜貿易新聞から

西川武臣

神奈川新聞社

はじめに

本書は平成十七年（二〇〇五）に神奈川新聞に五十五回にわたって連載された「亜墨理《アメリ》駕船渡来日記《カせんとらいにっき》―横浜貿易新聞から―」に、加筆・修整をおこなったものである。私が、神奈川新聞社の専務取締役千葉信行さんと当時、編集局長であった大胡文夫さんから、明治三十一年（一八九八）に横浜貿易新聞（神奈川新聞の前身）に連載された「亜墨理駕船渡来日記」を翻刻してほしいと相談を受けたのは平成十六年秋のことであった。

「亜墨理駕船渡来日記」（「亜米利駕船渡来日記」や「異国船渡来日記」などと記すこともある）とはペリー艦隊来航時に見聞したことを当時の人々がまとめた記録の総称で、その多くは庶民がペリー来航直後に編纂したものであった。また、横浜市内にはいくつかの「亜墨理駕船渡来日記」が残され、その中には活字化されたものもあった。しかし、原本は和紙に筆で書かれたものであり、簡単には読むことができなかった。また、横浜貿易新聞に掲載されたものも含めて、翻刻されたものは当時の文字をそのまま活字にしたものであり、古文書の解読技術がなければ大変とっつきにくいものであった。

千葉さんや大胡さんの要望は、横浜貿易新聞に連載された「亜墨理駕船渡来日記」に意訳や解説を付けることによって、日記を現代人にも親しみやすい読み物に変えて欲しいというもので、これ以後、私は連載に向けての作業に没頭することになった。

連載は一月一日から三月十日までほぼ毎日続き、現代語訳（意訳）では原文の一字一句にはこだわらず、大意が取れるようにつとめることになった。また、日記に記された事項の説明や事件の背景などを解説として加え、あわせて横浜開港資料館が所蔵する瓦版や絵画、横浜貿易新聞に掲載された原文を参考資料として掲載することになった。本書でも、こうした構成を崩すことなく、原則として五十五回の連載ごとに原文・意訳・解説を収録している。

アメリカ東インド艦隊司令長官のペリーが条約の締結を求め、九艘の艦隊を率いて横浜にやって来たのは嘉永七年（一八五四）一月で、新聞連載が始まった平成十七年はペリー来航百五十周年の翌年であった。そのため、読者のペリーへの関心も高く、連載を面白いと言ってくれる人も多かった。また、平成二十一年（二〇〇九）に横浜は開港百五十周年を迎えるが、日本人と外国人との交流の原点であるペリー来航が、本書の刊行によって少しでも話題になってくれればと思う。

連載に際しては、当時、報道部におられた西郷公子さんに原稿の取りまとめや見出しの作成などで大変お世話になった。また、本書の出版には出版部長の佐久間基好さんと編集担当の下野綾さんにお世話になった。厚くお礼を申し上げたい。連載開始から応援し続けてくださった横浜市立大学名誉教授加藤祐三先生、厳しい批判をしてくれる横浜開港資料館の仲間たちを始めとする多くの友人たちにもお礼を申し上げたい。

横浜開港資料館　西川武臣

目次

01 発見 古記録に残る〝衝撃〟

ペリーの来航は、それまで外国人と付き合ったことがなかった日本人に大きな衝撃を与えたが、こうした状況を現在に伝えるさまざまな古記録が各所に残されている。古記録の中には幕府の役人が記した公的な記録もあれば、警備にあたった諸藩の藩士の記録、幕府や大名の御用絵師が描いた多くの黒船の絵も含まれている。しかし、ペリー艦隊を目のあたりにした名もない人々が編纂《へんさん》した記録が横浜の旧家にいくつも残されていることは案外知られていない。

ペリー来航時に、一般の人々が何を見たのか、そして彼らが何を全国の人々に伝えたのか、その結果、日本の何が変わったのか。こうした問題に答えることは容易ではない。しかし、地域住民が残した古記録は、地域の人々と乗組員がどのような交流を繰り広げたのか、日本人が何に興味を持ったのかを具体的に教えてくれる。日米和親条約が締結されて百五十年以上が経過し、現在、ペリーに関するさまざまな議論がおこなわれている。その中にあって、地域住民が残した古記録を読み直し、日本が近代化に向かう出発点で一般の人々が出会ったことを追体験することも無駄なことではあるまい。

ところで、明治三十一年（一八九八）八月五日、神奈川新聞の前身である横浜貿易新聞は、嘉永七年（一八五四）のペリー艦隊来航直後に記されたといわれる「亜墨理駕船渡来日記」と呼ばれる古記録の掲載を開始した。掲載は九月十一日まで二十三回にわたっておこなわれ、古記録の全文が紹介された。当時、横浜貿易新聞はペリー艦隊来航の時に記されたさまざまな古記録を

横濱貿易新聞

「亜墨理駕船渡来日記」の掲載が始まった日の横浜貿易新聞（神奈川新聞蔵）

調査しており、この記録も調査の過程で横浜貿易新聞社の記者が本牧村北方（現在、横浜市中区北方町）の旧家から発見したものである。

近年、ペリー艦隊について記した記録が各地で多数発見されているが、その中にはこの記録を原本としたものがいくつも見つかっている。江戸時代の人々はさまざまな記録を熱心に写し取ったが、原本そのものの所在が確認されることは大変少ない。そういった意味でもこの記録は大変貴重なものであるといえよう。

また、この記録は明治三十一年当時、北方の植木家に所蔵されていたが、現在、植木家のご子孫の家には、この記録が残されていない。おそらく火災かなんらかの事情で失われたと考えられ、現在では貴重な記録を手にすることはできない。そこで、神奈川新聞社では横浜貿易新聞に掲載されたものを底本にして記録の復元を試みたいと考え私に編集を依頼した。さらに、現在の人でも大意を知ることができるように、適宜意訳を付すことになった。

横浜貿易新聞の記者が「亜墨理駕船渡来日記」を発見した正確な月日は分かっていない。記事には「読者の注目をひくべきもの」が見つかったとあるだけである。しかし、所蔵者であった植木茂右衛門が大切に保存し続けてきたものであることは間違いない。おそらく、記者は植木から日記の存在を教えられ、貴重な記録を広く読者に紹介しようと考えたのである。この時、ペリーが日本に来航して四十年以上の歳月が流れており、記憶も薄れていく中で、記者はもう一度きちんと記録を残しておきたいと考えたのかもしれない。

ともあれ、こうして旧家の蔵に永らく眠っていた日記は、広く人々に知られることになった。また、記者は連載を始めるにあたって、植木家に代々伝わったであろう著者についての伝承を紹介している。記事によれば、日記の著者は「北国」生まれの禅僧であった。彼は、ペリー来航以前に北方を訪れ、「辻堂」（小さな堂）に住み始めたという。その後、彼は、植木家の当主（明治三十一年段階の当主の祖父）と知り合い、植木家に居を移すことになった。

ペリーの顔を描いた瓦版。どことなく恐ろしい顔である（横浜開港資料館蔵）

こうして、横浜の旧家であった植木家には

一冊の貴重な日記が残されることになった。また、この日記が、ペリー艦隊乗組員の動向や横浜の人々との交流を克明に記してあったためであろうか、近隣の村々まで日記のことが知れわたり、日記を元にしてさまざまな写本が作られることになった。

日記の内容を見る限り、果たして漂泊の禅僧が、このような詳細な情報を知ることができたのかと思う点がないわけでもない。たとえば、日記の著者が直接、諸藩の藩士やペリー艦隊乗組員から入手したと思われるような情報も日記には記されているから、もしかすると著者は警備に従事するために名主の家に寄宿していた武士だったのかもしれない。また、日記が記された時期についても、必ずしもペリー来航直後ではないように思われる個所もある。しかし、この点についても原本の所在が分からない現状では新聞記事を信じるしかない。

02

幕開け

網の目の警備体制

【原　文】

嘉永七年甲寅正月、亜墨理駕大合衆国の船数艘渡来。荒川欽次郎殿知行所武州久良岐郡の内、横浜浦に上陸いたし、毎度応接これあり候前後荒増、日記左の通り。

一、正月十一日、豆州大嶋沖へ異国船数艘相見候由。御代官江川太郎左衛門殿の御注進、公辺にては昨丑の六月以来、兼々御用意これある事に候得は旧冬十一月御上意これあり候通り、豆相武房総の上下右六ケ国海岸御備の固め人数差出し候国持大名の面々左の通り。

品川一の台場、手当普請中、当時相州大津に備え、武州川越十七万石、松平誠丸。同二の台場、手当普請中、当時上総富津に備え、奥州会津二十三万石、松平肥後守。同三の台場、普請中、当時居屋敷に手勢用意、武州行田十万石、松平下総守。御城大手の守護として関西三十三ケ国の旗頭伊賀の上野、勢州の蜘蛛津、両城の太守、藤堂和泉守、高三十二万二千九百五十石余。鉄砲洲佃島には御当家四天王の随一と称する播州姫路十五万石、酒井雅楽頭。下総海岸惣後詰、当時増上寺に備えこれあり、仙台六十二万石、伊達陸奥守。江戸海岸臨時手当、加越能、右三ケ国の太守、金沢城主百二万二千七百石、前田宰相。芝浦には作州津山十万石、松平越後守。同袖ケ浦より西、神奈川迄海岸後詰手当として当時は高輪の居屋敷に備える西海の雄鎮、日薩隅三ケ国の領主七十七万八百石、鹿児島の城主、島津薩摩守。御殿山の台には越前福井三十二万石、松平越前守。深川洲崎に勢州桑名十万石、松平越中守。鮫洲に越前鯖江五万石、間部下総守。鈴ケ森には伊予の松山十五万石、松平隠岐守。浜川に土州高知二十四万石、山内土佐守。羽田に阿波・淡路両国の主、徳島の城主二十五万石、蜂須賀阿波守。大師河原に筑後の柳川十一万九千石、立花飛驒守。神奈川に播州明石八万石、当時十万石格、松平兵部少輔。本牧には因州鳥取三十二万石、松平相模守。この処、内海第一要害の接所とこれあり。固人数陣場手配。八王子浜に家老荒尾駿河三千石余。本陣多聞院。十二天の鼻に同家老鵜殿藤助、八千石余。十二天より北、北方小浜の海岸（横浜沖碇泊の異船と向き合し所）に因州御分家、鳥取新田一万石、松平淡路守。本陣同処、市川忠兵衛手勢人数、小浜・小港・梅田・北方、中程迄に相詰め、八王子より西、一の谷・二の谷・三の谷、右関門三ケ所の固は因州の御分家、鳥取新田三万石、松平佑之進。本牧関門入口の接所には同姓池田兵部少輔。北方より根岸迄は海岸差出、異船若し入海いたし候節は第一の難所にて昨丑の六月は九州の大藩細川越中守。此所に備えこれあり候場所に候得はこの如く手配。

【解　説】

嘉永七年（一八五四）一月十一日、幕府はペリー艦隊が日本に近づきつつあるという報告を各地の代官所や奉行所、海岸部に領地を持つ大名から受け取った。二カ月近くにわたる開国をめぐる一大イベントの幕開けである。「亜墨理駕船渡来日記」は、この日の記述から始まっている。

報告を受け取った幕府は、直ちに役人たちの登城を求め、江戸城内では対応をめぐって、さまざまな会合が開かれた。また、その間にもペリー艦隊は刻々と江戸に接近し、一月十四日には一艘が小柴沖（現在、横浜市金沢区の沖合）に投錨《とうびょう》した。さらに、十六日には、ペリーが率いる七艘の軍艦すべてが小柴沖に碇《いかり》をおろし、江戸湾は著しい緊張感に包まれることになった。

ペリー艦隊の来航は昨年に続き二度目であり、幕府は十一月に策定した防衛計画に基づき大名や旗本に大動員令を発した。この時、幕府は、日本の防衛力がアメリカに比べて著しく劣っていることを認識しており、戦争をできるだけ避ける方針を公表していた。しかし、ペリー側が戦闘行為に及んだ際には、戦争になることも想定され、防衛に動員された武士たちは「必死」の覚悟で警備に臨んだと思われる。

　ところで、「亜墨理駕船渡来日記」には、実際に大名や旗本が、どこの警備に従事したのかが詳細に記されている。はたして、著者がどこから警備に関する情報を手に入れたのかは分からないが、公文書と比べても記述に遜色《そんしょく》はない。

　また、日記の記述によれば、動員は薩摩藩や会津藩などの大藩から名もない小さな大名、さらには旗本にまでおよび、幕府は首都である江戸を守るために、伊豆半島から房総半島にかけて網の目のような警備体制をしいたようである。

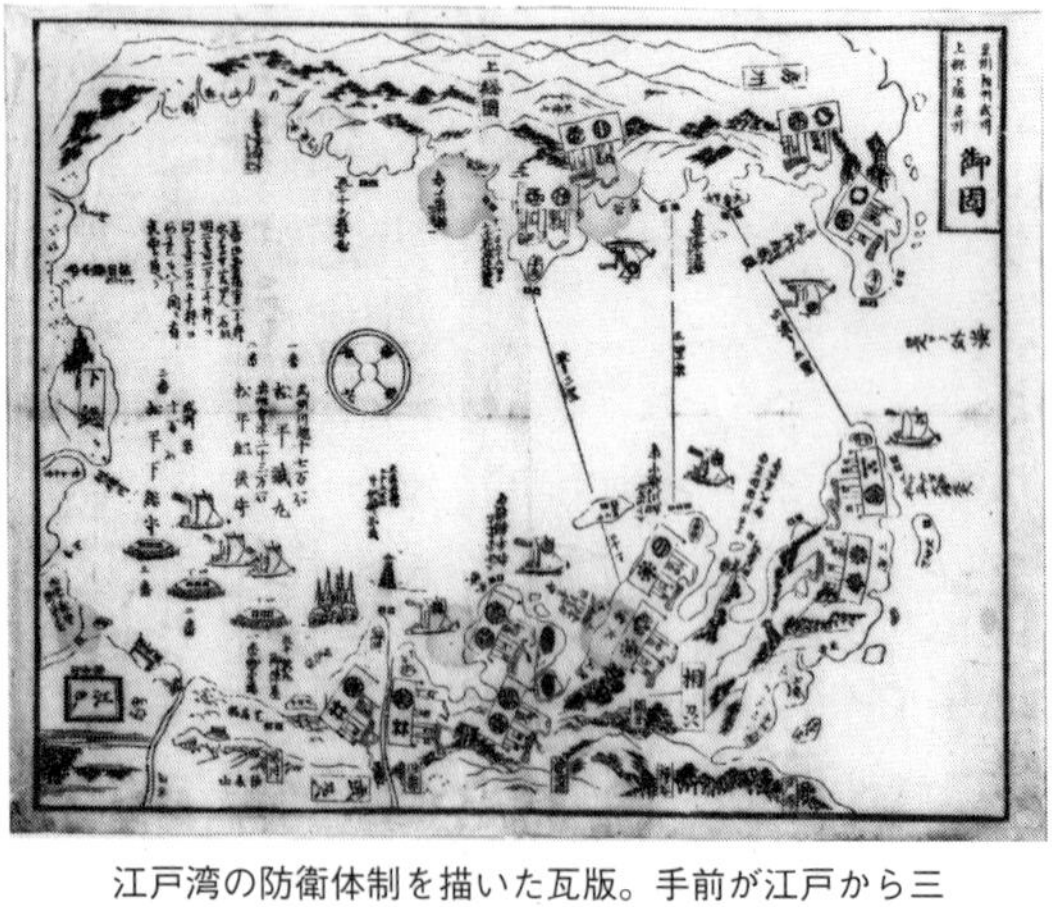

江戸湾の防衛体制を描いた瓦版。手前が江戸から三浦半島、上の部分が房総半島（横浜開港資料館蔵）

03

緊張

地域の住民も動員

【原　文】

金沢自分在所に備え、一万二千石、米倉丹後守。相州宮田には長州萩三十六万石九千石、毛利大膳太夫。同国三崎・城ケ崎台場にて遠相百里の大灘を眼下に見下ろし、関東三十三ケ国旗頭、江州彦根金亀山城主三十五万石、井伊掃部守。浦賀・鴨居・走水の三ケ所は房相の瀬戸口にて異船入海の咽喉として第一の固場所とこれあり。熊本五十四万石、細川越中守。豆州真鶴ケ崎出張、小田原十一万石、大久保加賀守。同下田に駿州沼津七万石、水野出羽守。房州洲の崎、此所海中二里余浅瀬これあり、大砲の程度及ばず。昨丑の六月も備え猶予の処、異船この方位に添い入海仕り候。固め難所の場、備前岡山三十万石、池田内蔵頭、小舟数多、水戦の具用意。下総銚子には上州高崎八万二千石、松平右京大輔。同国検見川には佐倉十一万石、堀田備中守。房州勝山一万二千石、酒井安芸守、在所固め。同館山一万石、在所固め、稲葉兵部少輔。上総久留里三万石、在所固め、黒田豊前守。同大多喜二万石、在所固め、松平備前守。同字地一万石、在所固め、阿部駿河守。同鶴牧一万五千石、水野壱岐守。同館野二万石、保科弾正忠。貝洲一万石余、林播磨守。同勝浦に武州岩槻二万三千石、大岡兵庫頭。同一の宮一万三千石、加納備中守。下総浜村一万石、森川出羽守。これらの小名自分在所の海岸に備え。旗本の面々、御浜御殿の固めとして近藤遠江守・土岐豊前守・津田美濃守・小笠原加賀守・花房志摩守・池田甲斐守・齋藤内蔵頭・酒井肥前守・大岡豊後守・藤岡美作守・津田日向守・松平伊予守・一柳播磨守・米倉能登守・牧野筑後守・溝口讃岐守・大嶋備後守・白須甲斐守・水野山城守・酒井対馬守、以上二十頭。昼夜五頭宛交代す。浦賀御奉行井戸対馬守、御儒者林大学頭、御目付鵜殿民部少輔・松本重郎兵衛、御徒目付中台信太郎・平山鎌次郎、右は異人応接掛り手当。海岸支配御代官、武相駿豆、江川太郎左衛門。武相、望月新八郎。武相、勝田次郎。武州・下総、齋藤嘉兵衛。同竹垣三右衛門。房州、総の上下、三ケ国の内、佐々木道太郎。右の人々は海岸臨時御支配。其余は枚挙に遑あらず。箱根山には勢州久居五万三千石、藤堂佐渡守。伊豆大島には豊後竹田七万石、中川修理太夫と。山を走る獣、天を飛ぶ鳥、蹄翼の跡、絶えし雲の深山、波の孤島の荒磯迄非常の備え。五畿七道の大小名勤番国詰の差別なく海岸の固め、手勢屋敷々々に用意いたし、若し自分持ちの場所より異舟入海上陸せば末代まで家の名折れと右固め掛りの諸大名、手早き方は近々に固め人数繰り出すもこれあり。

【解説】

前述したように、幕府はペリーの来航に際して、厳重な警備体制をしいたが、日記には「御当家四天王の随一と称する播州姫路十五万石」とか「西海の雄鎮《ゆうちん》、（中略）鹿児島の城主、島津薩摩守《さつまのかみ》」、「関東三十三ケ国旗頭、江州彦根金亀山《きんきざん》城主三十五万石、井伊掃部守《かもんのかみ》」といった形で警備に従事した大名が詳細に紹介されている。こうした文章を読んでいると、あたかも戦国時代の合戦絵巻を眺めているかのようにも感じられる。さらに、日記の特色としては、著者が住んでいた地域の警備状況について詳しい記述があることが挙げられ、現在の横浜市中区の海岸部については本牧本郷村と呼ばれた村の小字名（十二天・八王子・一の谷など）まで示して鳥取藩の警備場所を紹介している。

残念ながら、著者が、これほど詳しく警備状況を記録した理由は分からない。しかし、興味を引かれただけであったとは考えにくい。なぜなら、大名や旗本の動員は、著者が身を寄せていた北方村や横浜村の住民たちの暮らしにも大きな影響を与えたと思われるからである。たとえば、一月十三日に鳥取藩は、警備地まで大砲や鉄砲を運送するために多数の地域住民を動員している。また、海岸部の村では、警備にあたる諸藩や幕府の役人を乗せるための船を徴発され、漁民たちの中には船頭として動員された人々も多くいた。

そのため、著者にとって大名や旗本の警備地への配備は、無関心ではいられない出来事であったと考えられる。幸いなことに、ペリーも開戦は避けたいと考えていたため、地域住民が戦争に巻き込まれることはなかったが、少なくとも来航直後の段階では、著者がかなりの緊張感を持っていたことは間違いない。最後の部分で、著者は大名の中には「自分が担当する警備場所からペリーの上陸を許せば末代までの家の名折れになる」と家の名誉のために続々と家臣を送り出した者がいたことを紹介している。

著者は、そうした大名の存在をどのように感じていたのだろうか。

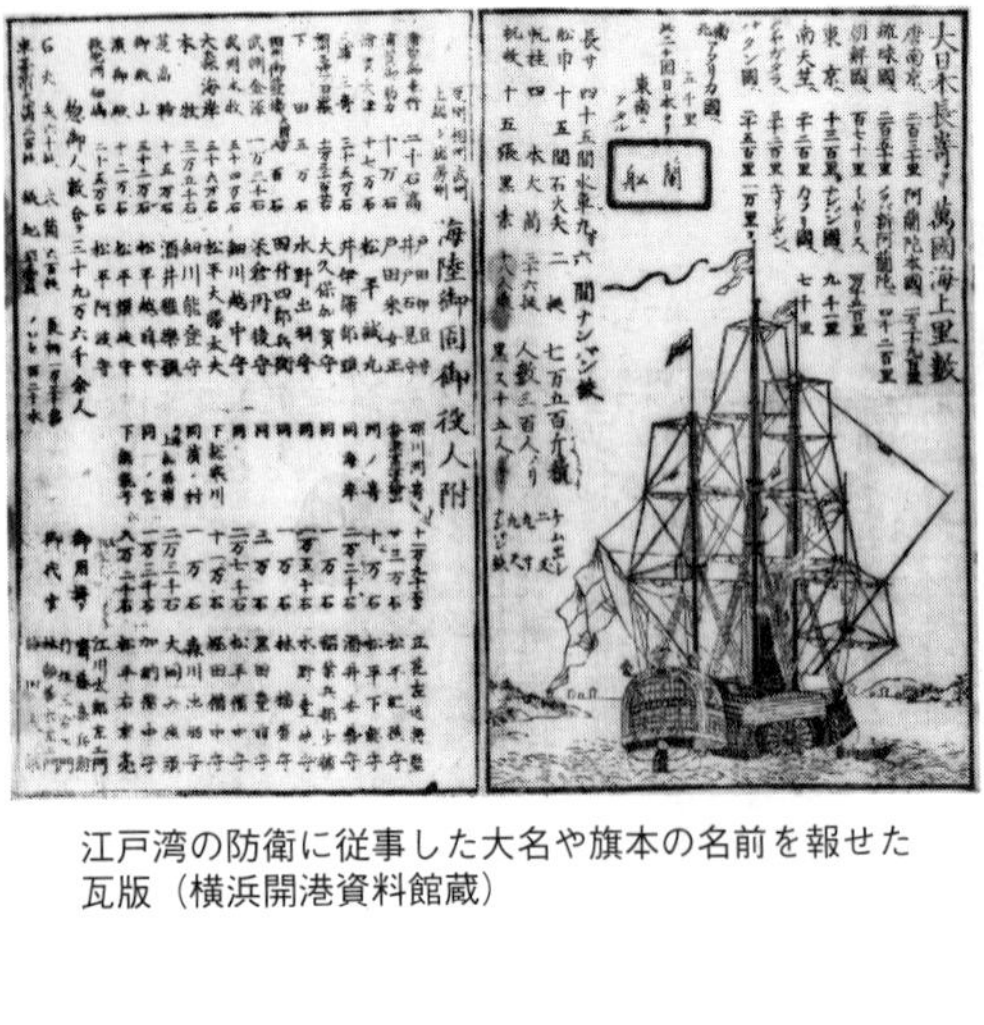

江戸湾の防衛に従事した大名や旗本の名前を報せた瓦版（横浜開港資料館蔵）

04

艦隊

朝日を背に近づく

【原　文】

一、十二日、下田・浦賀両所より再度注進。昨朝、豆州大島沖に相見え候異船、何方へ去り候や。今朝ハ数十里の間に帆影相見申さずと右の通りの達これあり。途中にて此様子聞受候。諸処固め人数の中には半途より江戸へ引返すもこれあり。なかんずく本牧の固め因州侯兵糧米、江戸より船にて積来りし処、右の風説最早御不用の趣、直様、江戸へ積返しになり候。右の通り巷の風聞、亜墨理駕船の取沙汰は波乗船の音にて暁知らぬ春の夜の夢も通はぬ異国より通へば通ふ去年、今年。亦もや甲寅正月十三日の朝早き、ほのぼのと明る東雲頃、蒼々たる海上に現れ渡る物こそあれ。追々近寄る帆影の様子、一昨朝相見へ候異船に相違これなし。又々右の注進これあり。下田・浦賀同断。

一、十三日、異船四艘、相州三浦郡網代より三里許り沖に至り碇を下し。五ツ半頃より四ツ半時分迄泊し、又碇を巻上げ、豆州真鶴の崎を指て行く。小田原沖処々漂泊仕候。其夜ハ鎌倉潟に碇泊しぬ。此の四艘は鎌倉の潟を江戸の海と取違候趣。

一、十四日、今朝、異船一艘、浦賀の沖を乗抜け入海、武州久良岐郡小芝と申処の沖に碇泊す。此船、昨夜中、三浦沖を乗り水中の埋岩にて誤りて船の鋪板・腹板等破損仕候様子。小芝沖海上にて船を横に傾け腹板等造作仕候。浦人小舟にて乗出し見物す。右に付、浦賀御奉行より御触れ。

異国船碇泊の場所へ猥りに近づき候者もこれある哉に候。右は御国法をわきまえず、如何の事に候。以来、右体の者見付次第捕、厳重に申し付くべく候。右の趣、浦賀より神奈川迄早々洩れざる様あい触るべくもの也。

正月十四日

浦賀御役所

ペリー再来時の旗艦ポーハタン号（横浜開港資料館蔵「黒船絵巻」から）

【意　訳】

一、十二日に下田と浦賀から再びペリー艦隊の動静について報告がありました。その報告とは昨日の朝に伊豆大島沖で発見された異国船を見失ったというもので、帆影さえ見えなくなってしまいました。警備にあたることを命じられた人々の中には、途中から引き返す者もありました。なかでも本牧（横浜市中区）の警備にあたった鳥取藩は、兵糧米を江戸から船で運ぶ途中で異国船が退去したとの噂を聞き、兵糧米を江戸に送り返したということです。このような噂が世間を騒がせていた正月十三日の早朝、再び昨日発見された異国船が海上に姿を見せました。こうして下田と浦賀から幕府へ報告が送られました。

一、太平洋上に発見された異国船は十三日中に相模湾を網代（三浦市）付近に接近し、午前中に四艘が網代付近に碇《いかり》をおろしました。その後、これらの船は真鶴方面に移動しました。さらに、小田原沖をふらふらと移動した後、夜に入り鎌倉沖に停泊しました。噂では江戸湾と鎌倉沖を間違えたということです。

一、十四日朝には一艘の船が浦賀沖から小柴沖に侵入しました。この船は昨晩、三浦半島沖を航行中に誤って浅瀬に乗り上げ、修理のために停泊しました。その様子を小柴周辺の人々は小船を繰り出して見物しました。これを知った浦賀奉行は直ちに異国船に近づくことを禁止する御《お》触《ふれ》を発しました。

【解説】

七艘のペリー艦隊が伊豆半島の沖を通過したのは、嘉永七年（一八五四）一月十一日の昼ごろであった。しかし、翌日、幕府は艦隊の位置を見失ったようで、当時の公的記録はいずれも「艦隊の位置が分からない」と記している。ペリー艦隊が、再び姿を見せたのは、公的記録によれば一月十三日の夕刻で、この日、房総半島の先端部分に置かれた「白子遠見番所」（現在、千葉県千倉町。白子は地名。遠見番所とは黒船を発見するために設置された役所のこと）が沖を走る一艘の船を見つけている。

また、「亜墨理駕船渡来日記」は、十三日の夜明けにペリー艦隊が見つかったと記しているから、この日、「白子遠見番所」が発見した船とは別の船も見つかっていたのかもしれない。著者は、この時の光景を「ほのぼのと明《あく》る東雲頃《しののめごろ》、蒼々《そうそう》たる海上に現れ渡る物こそあれ」と、夜明けの薄明かりの中、青く広がる海のかなたからペリー艦隊が姿を現したと記している。夜明けに艦隊を発見した人物が誰であったのかは分からないが、昇ってくる太陽を背景に日本に近づく艦隊の様子は劇的である。

ペリー艦隊乗組員。右から上官、軍卒の長、楽人
（横浜開港資料館蔵「黒船絵巻」から）

05

座礁　積み荷を移し脱出

【原　文】

昨十三日、鎌倉の海に漂遊いたし居候船四艘、此地の海、江戸の港に非ずと心付、再び外海へ乗出でんといたし、鎌倉の地方より三浦の方に添出る所に長井と申処の沖一里半許りに字亀井と申す水中に埋岩これあり。土地の様子知り候地船にても時々乗掛け怪我仕候難岸、水中に指し出づるとは知らず、一艘の先船、右の岩に乗掛け進退叶わず、左右前後心を砕きし。其内十四日の朝、汐早も引落二なり今は是迄なりと外類船三艘も碇を下し、夕方汐の満ち来るを待間、程なく夕されは潮風あらく三浦潟の永井の沖に沈みたり岩を浮木と思ひきや、亀井上の異国船より端舟数艘繰り下し、何にかは知らず箱に入れたる積物数多積み移し類船の方へ送る。其暮方は風波弥々強く、彼の端船を残らず打返し申候。積物は其侭水底に沈みぬ。右の様子にて其日は休みぬ。

一、十五日朝、汐の引かざる前に蒸気船二艘、彼の岩上の船に長き綱三筋附け、少し風上の方へ引き回し置き、彼の三筋綱の内、中の一筋は短く仕り候て、蒸気を強く仕掛け引き候得は、中の一筋に余りに力入り、其綱切れ、其勢いに彼の船一時おりなおり、うなづく拍子に二筋の綱に力入り、是にて引き出し無難に岩上の船を引き下し、其日は四艘、彼の処に碇泊す。昨日より浦賀奉行組与力応接掛りの者、異船に乗入れ種々申し諭し、一先ず鎌倉の浜へ返し応接あるべき旨申し通じ候得共、異人共、通辞を以って申し候には類船もこれあり候得は、後より参るべく候間、此処にて待合申すべく、鎌倉帰泊の儀は承服仕らず候。今日、小芝沖の異船へも乗入れ、右役人中申し諭し、浦賀関外へ乗り返しの儀申し通い候得共、類船もこれあり、後より参るべく旨申し上げ乗り返しこれなく候。

相模湾で座礁したマセドニアン号（横浜開港資料館蔵「黒船絵巻」から）

【意　訳】

十三日に鎌倉沖を江戸湾と間違った四艘の船は、間違いに気付き再び南下を始めました。
この時、一艘の異国船が三浦半島の長井（横須賀市）の沖で座礁しました。この場所は地元の漁民たちも座礁を恐れる所であり、異国船はまったく動くことができなくなりました。十四日朝には引き潮になり、僚船三艘も救出ができないまま満ち潮になるのを待つことになりました。また、少しでも浮力をつけるため積み荷を艀で僚船に運び込もうとしましたが、波風が強く、結局、積み荷は海中に廃棄されました。
一、十五日の朝、長井沖では引き潮になる前に三艘の蒸気船が座礁した船に三本の長い綱を付け、船を救出しようとしました。蒸気を一杯にして強く引っ張った拍子に船が岩礁から離れました。これらの船は、救出後も長井沖に停泊し続けました。また、昨日から浦賀奉行所の与力（奉行所の役人）たちが長井沖の異国船に乗り入れ、なんとか鎌倉沖まで船を戻し、鎌倉沖で交渉に応じてもらいたいと要求しましたが、この要求は拒否されました。さらに、今日になって小柴沖に停泊していた異国船にも役人が出向き、浦賀沖まで戻ることを求めましたが、この求めも拒まれてしまいました。

【解説】

七艘のペリー艦隊は、十三日から十六日までの間、いくつかに分かれて行動していた。日本側の公的記録によれば、房総半島の沖で発見された一艘の船（サザンプトン号、帆走船）は、その後、江戸湾に侵入し十四日の夜に小柴沖（現在、横浜市金沢区の沖合）に碇《いかり》をおろした。また、マセドニアン号（帆走船）は相模湾を北上し、現在の横須賀市長井町の沖で浅瀬に乗り上げ座礁した。さらに、そのほかの船は相模湾から江戸湾の入り口辺りにいたと考えられる。

「亜墨理駕船渡来日記」は、十四日の出来事として、艦隊の侵入に先立ち小柴沖に停泊したサザンプトン号と相模湾で座礁したマセドニアン号について詳しく紹介している。まず、サザンプトン号については、江戸湾に侵入する際に、三浦半島の海岸で浅瀬の岩に接触し、船を破損したと記されている。損傷は航行には問題なかったが、「亜墨理駕船渡来日記」には小柴沖で修理をしている様子が記されている。また、マセドニアン号については、完全に座礁し脱出できなかった。そのため、僚船に積み荷を移して脱出をはかったと記されている。

また、「亜墨理駕船渡来日記」は、小柴沖で修理をおこなうサザンプトン号を地元の住民が小船を繰り出して見物していたことを記している。この後、人々はペリー艦隊に強い好奇心を持っていくことになるが、そうした行動は艦隊の来航直後から始まっていたことになる。また、筆者は、浦賀奉行が見物に向かう人々に対し見物を厳しく禁止したと述べているが、いつの世も権力者は庶民に対しさまざまな規制をおこなうようである。

横浜市中区の沖合いに停泊したペリー艦隊（横浜開港資料館蔵「黒船絵巻」から）

06

交渉

場所をめぐり対立

【原　文】

一、十六日、亀井沖の異船にて大筒一発。暫時仕り候得は小芝沖の異船にて大筒一発す。右の合図にて類船の在所分り、右四艘の異船、帆を上げ三崎・松輪の沖を乗り抜け、浦賀の内海へ入り、小芝沖同処へ碇泊仕り、外に二艘の異船来り、都合七艘の碇泊になり申し候。

一、十七日、小芝沖の異船より端舟四艘を以って本牧八王子沖へ来り、其内異船一艘、其磯に乗り寄せ海岸の岩に落書仕り候。其文字。（記者云ふ。此間、いわゆる落書きの描写あれども杜撰にして判じ難きがゆへ、ことさらに略す）

右の通りの由、因州侯役人より承り候。同因州侯役人に承り候は、其様少々異なり、此に記す左の通りの由、白き物にて（図は略す）外輪をかこみ、其中に白き物にて右の通り書き候由。尤も廿三日にも来り書き申し候。何れが十七日、何れが廿三日、篤と分り兼ね申し候。右の落書は因州侯御役人へ写し取り、其跡は直ちに摩滅致し候間、右様分り兼ね候。

一、此処は因州侯持場に候得は右文字写し取り、早船を以って江戸へ注進これあり候。
一、十八日、浦賀奉行組与力、異船へ乗入れ、通辞を以って申入れ候は昨丑六月、一度応接これあり候、元浦賀久里浜へ船を乗り返し候て上陸仕り応接これある間、右の趣心得船を返し申すべく旨申し添えこれあり候得共、異人其旨敢えて承服仕らず。日本役人香山と申す者に対面仕りたく旨申す。組与力申し候は右香山は先達てより大病にて遠所へ引篭り保養いたし居候。此節は相果候由聞き及ぶと申し候へば異人返答なく引取り一間に入り、此度は是非江戸へ乗入れ参る由答え、又一間に入り応接なし。

ペリーと参謀長アダムス（左）（横浜開港資料館蔵「黒船絵巻」から）

【意　訳】

一、十六日に、長井沖の異国船と小柴沖の異国船から空砲が一発ずつ発射されました。これを合図に遠く離れた僚船の所在が判明し、長井沖の四艘は小柴沖に移動しました。このほか二艘の異国船も小柴沖に現れ、もともと停泊していた異国船と合わせて七艘になりました。

一、十七日、異国船から四艘の小船が出され、これらの船は測量しながら本牧沖にやって来ました。その内の一艘は磯にまで乗り寄せ、乗組員が海岸の岩にペンキで文字を書きました

これらの情報は鳥取藩の役人から聞きました。また、別の鳥取藩の役人からも岩に記された落書きについて聞きましたが、白いペンキで丸を描き、その中に文字を書いたようです。もっとも二十三日にも落書きをしたようで、どちらが十七日の落書きか分からなくなってしまいました。落書きは、すぐに摩滅しましたが、鳥取藩では記録を取り、早船で江戸に報告したようです。

一、十八日に浦賀奉行所の与力が通訳を伴い異国船を訪れました。席上、与力は、久里浜（横須賀市）で交渉をおこないたいと求めましたが、この要求は拒否されました。一方、ペリー側は、昨年の交渉で日本側の窓口になった浦賀奉行所与力の香山に対面したいと求めましたが、日本側は香山が大病し最近死去したとの嘘の申し立てをおこないました。この後、ペリー側は、江戸へ乗り入れることも辞さないと述べ席を立ちました。

【解　説】

「亜墨理駕船渡来日記」は、ばらばらになって日本近海に接近した艦隊が、空砲を撃ちながらそれぞれの所在を確認し合い、十六日には小柴沖（現在、横浜市金沢区の沖合）に集結したことを伝えている。この時、小柴沖に停泊したのは七艘の軍艦で、これ以後、幕府は江戸湾奥深くに入り込んだ艦隊を、いかにして浦賀沖まで引き戻すかに苦慮していくことになった。また、交渉場所をどこにするかという問題が、日米間の最初の課題になっていった。

日記には、幕府の役人が最初にペリー艦隊と接触したのが一月十四日であったと記されている。この点については、浦賀奉行所の記録にも記述があり、奉行所の与力であった佐々倉桐太郎がサザンプトン号に小船で近づき接触を試みたことが分かっている。

しかし、この時は佐々倉が乗船したわけではなく、正式な交渉がおこなわれたわけでもなかった。幕府の公式記録によれば、交渉場所についての正式交渉が始まったのは一月十六日のことで、奉行所の与力であった近藤良治やオランダ語の通訳であった堀達之助らがポーハタン号上で参謀長アダムスと会見した。

残念ながら日記は、アダムスとの正式交渉の開始を十八日としているが、筆者にはなんらかの事情で間違った情報が伝えられたと考えられる。

その後、交渉は翌十七日にもおこなわれ、この日は与力を従えた浦賀奉行支配組頭（奉行の補佐役にあたる役職）の黒川嘉兵衛がアダムスと会見した。この時、黒川は鎌倉か浦賀での交渉を提案したが、この提案はあっけなく拒否されてしまった。

ペリーは、江戸あるいは江戸に近い所で幕府と交渉することによって有利に外交を進めたいと考えており、江戸を防衛するためにも江戸から交渉場所を離したいと考える幕府と激しく対立することになった。

07 落書き 小船の水兵が岩に

【原　文】

一、十九日、今日、浦賀奉行組与力応接掛りの者、異船へ乗入れ種々申し諭し、一応応接仕り候ては海関の奉行不念になり候間、一旦、浦賀関所前へ乗り返し申すべく、願いの筋聞き受け取次申すべくと申し候得は異人少々立腹の様子にて願いの筋、卑官の其方共取次に及ばず、昨年、国書を以って申し達し置き候得は当春、右の有無返答を聴き合わするのみなり。江戸の湊へ参り、日本重き役人案内にて国王に面会いたし、昨丑六月、通書の返事承るばかりなり。別に相談の筋これなくと申す。然れども種々申し諭し荒々に浦賀へ帰船の様子に取り定め、其日は組与力、浦賀へ帰り応接場急に普請の評定仕り候。

一、廿日、今日より浦賀に応接場普請に取り掛る。小芝沖の異人、小舟にて亀木の鼻と申す処へ参り、岩に落書仕り候。（I HD）右の通り、此処、米倉の掛りに候へば写し取り、浦賀へ達す。上総富津に備えこれあり。会津侯の固め人数、自分の持場にはこれなく候へ共、異船入海の後、挙動一切分らず候間、見置きとして小舟にて本牧辺迄来り聴き合わせ即日帰帆。

一、廿一日、今日、小芝沖の異船一艘、本牧沖へ来り、直ちに小芝沖へ帰り候。今日、神奈川の固め、明石侯の人数、神奈川へ着。大いに延引。是迄に十六日前後には所々の固め人数、一番手は大方着仕り候。本牧抔も十六日に着これあり。細川・川越抔は十五日着。

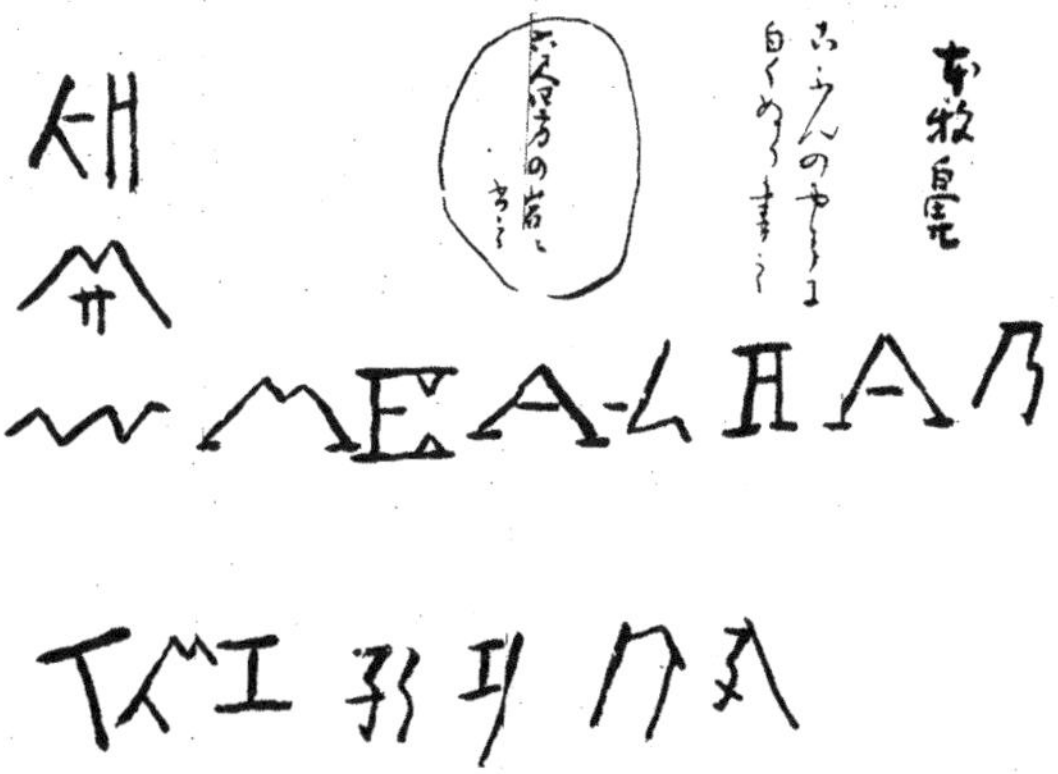

乗組員の落書きを記録した古文書。白いペンキで描いたと注記がある（横浜開港資料館蔵「関口家文書」から）

【意　訳】

一、十九日にも浦賀奉行所の与力は異国船に赴きました。与力は、浦賀には海の関所である浦賀奉行所があり、江戸湾に入る異国船は浦賀奉行所に立ち寄ることになっていることを説明しましたが、この説明にペリー側は少し立腹したようでした。また、ペリー側は、既に昨年国書を渡してあり、今回は国書への返答を聞きたいだけであると強く主張しました。さらに、あくまで浦賀へ戻れというのならば、江戸へ入り将軍に面会すると述べました。会談は物別れになるところでしたが、いったん、ペリー側は浦賀で交渉場所をどこにするかを検討することを認め、与力は浦賀に「応接所」（会見場）を設置するために戻ることになりました。

一、二十日に浦賀で「応接所」の建設が始まりました。今日、再び、ペリー艦隊乗組員が「亀木の鼻」（長井村の小字）という所の岩に落書きをしました。この場所は譜代大名米倉氏（横浜市金沢区に陣屋を持つ大名）の警備場所であったため、落書きの文字については米倉氏から浦賀奉行所へ報告しました。これに加えて、本日、富津（千葉県富津市）を警備していた会津藩士が異国船の動向がよく分からないため、本牧まで小船を繰り出し状況を確認しにやって来ました。

一、二十一日には小柴沖に停泊していた異国船が本牧沖に移動し、再び小柴沖に帰りました。神奈川宿（横浜市神奈川区一帯）を警備することになっていた明石藩（兵庫県明石市に城を持つ大名）が今日到着しましたが、随分遅れてしまいました。既に、十六日前後には、ほとんどの藩が出兵していましたから、明石藩の遅延が目立ちました。

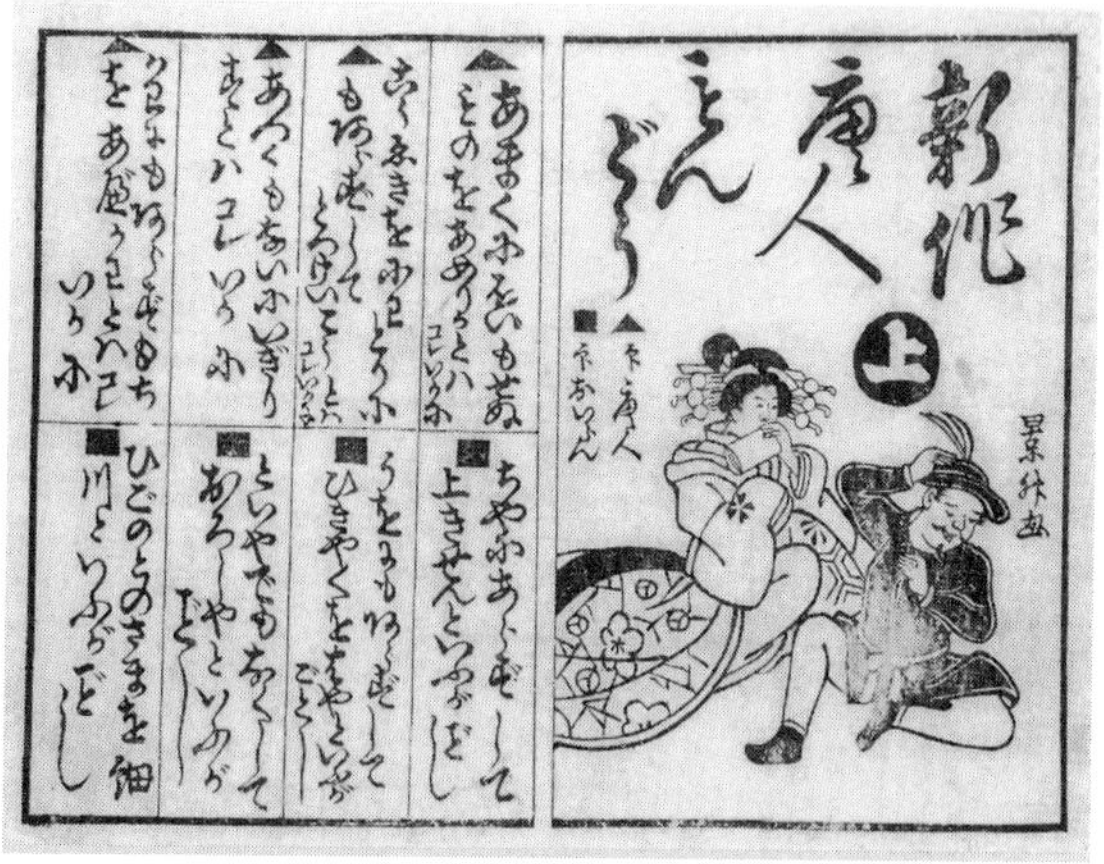

ペリー来航時に刊行された瓦版。蒸気船と上喜撰をかけたなぞかけが記されている（横浜開港資料館蔵）

【解　説】

三四頁に掲げた十九日の日記には、日米交渉をどこでおこなうかについての話し合いが再三なされたことが記されている。具体的には、現在の横浜市金沢区の沖に停泊したペリー艦隊に対し、幕府が浦賀沖まで戻ることを要求したことを伝えている。ペリーは、この要求をいったん拒否したが、最終的に、日米会談の場所を決める交渉だけは浦賀沖で行うことを承諾した。

また、日記には一月十七日からペリーが江戸湾内を測量するために小船を繰り出し、小船に乗った水兵が各地の海岸の岩に落書きしたことを記録している。

08

漂流物

弾丸に軍事力痛感

【原　文】

一、廿二日、異人先達てより処々の岸に落書仕り候。其趣旨御尋ねこれあり候処、異人より通辞を以って答え候。当月二十五日（日本の二十五日）、亜美理駕国王の誕生日にて本国にこれあり候へは、君臣以下一同千秋の日を祝し候へ共、旅泊の儀、心に任せず。望むらくは其日、海上にて祝砲仕りたく由申す。右、御聞き済ましこれあり。

一、二十三日御達し。来る二十五日、小芝沖滞留の異船にて亜墨利駕国王誕生日に付、右七艘の異船にて祝として空砲十六、七発宛放し候間、聊か心配の儀にはこれなく条、動揺致すまじくもの也。

一、廿四日、先日より外三浦処々の海岸へ種々の流物漂着す。其内、網代浦荒井ケ崎に大きさ日本の酒樽に似て前後の小口少し細く、太鼓の胴に似たる物に両方に鉄の輪を掛け鉄板にチャンを流したる物漂着す。浦賀へ送り開き見るに中に大筒の火薬を入れこれあり。三戸の浜へ碇綱の前後引き切れたる様の物一筋流れ寄れり。先達て亀井の岩にて船を引出す時、切捨てたる綱なるべし。永井の磯へ箱一ツ浪に打ち上がる。大筒の玉一ツ入り、其外種々の物処々の海岸へ流寄せ候得は、何様長井沖難船の時、端舟を覆へし積移しの荷物残らず海中へ沈め候へば右の品々荒浪にて打寄すると見えたりとこれあり。遠近水練の者も多く呼び寄せ、没入を入れ海底を改め見るに果して推量の如く数多の箱を得たり。残らず大筒玉なり。五、六貫目、八、九貫目、十四、五貫目位、一番に重きは四十貫目に及ぶ玉一つこれあり。右様の玉、如何なる筒にて放し候やらん、不審。又、玉に目戸の穴明きたる物多し。中には籠の如く穴多く明けたるもこれあり。其中はウツロなり。日本にて当時用い候西洋流の玉の如きは稀なり。玉箱の数四十、火薬の桶七ツ。右浦賀へ持ち行く。

或人の曰く。此外、箱・桶、水底に沢山沈みこれある由、しかるべく其節打ち返し候は伝馬船に七、八艘の由。

【意　訳】

一、ペリー艦隊の乗組員たちが、これまで各地に落書きを残してきましたが、本日、通訳の者から落書きの意味が報告されました。また、一月二十五日が初代アメリカ合衆国大統領ワシントンの誕生日にあたることが伝えられ、この日に艦隊から祝砲を発することが幕府に通達されました。幕府は、これを許可しました。

一、二十三日には浦賀奉行の伊沢美作守《いざわみまさかのかみ》と戸田伊豆守が、二十五日の祝砲発射についての「御触《おふれ》」を出しました。この「御触」には、大きな音がするけれども心配しなくても大丈夫であると記されていました。

一、先日来、三浦半島各地にはさまざまな漂流物が漂着していましたが、二十四日に網代（三浦市）に日本の酒樽に似たものが流れ着きました。住民は漂着物を浦賀奉行所に送りましたが、中には大砲の火薬が入っていました。また、三戸という所へは碇《いかり》の綱のようなものが流れ着きましたが、これは先日座礁した船を救出するために利用されたものと思われます。さらに、永井の磯には大砲の弾丸が入った箱が漂着しました。これらの品物は座礁した船から積み荷をおろした際に、海へ落ちたものと思われます。これら漂着物が流れ寄せた地域では、泳ぎの得意な者を集め、海底を探索しましたが、思っていた通り多くの箱が引き揚げられました。その多くは大砲の弾丸でした。なかには百五十キログラムに達する弾丸もあったということで、私はどのような大砲で発射するのか疑問に思いました。最終的に弾丸の箱は四十、火薬の桶は七つになりました。また、ある人の情報では、海底には引き揚げられていない箱や桶が多数あるそうです。

品川や長崎などを警備した大名を書き上げた瓦版（横浜開港資料館蔵）

【解説】

嘉永七年（一八五四）一月二十二日、ペリー艦隊は幕府に対し、来る二十五日（陽暦の二月二十二日）が初代アメリカ合衆国大統領ワシントンの誕生日にあたり、当日、艦隊から誕生日を記念した祝砲を発射することを伝えた。「亜墨理駕船渡来日記」は、祝砲発射に至った経緯と発射の様子を克明に記録した。

日記の著者が祝砲の発射について詳細に記録したのは、祝砲の発射が江戸湾沿岸地域の人々を驚かせたからであり、ペリー艦隊来航後、もっとも大きな事件の一つが祝砲の発射であったからである。

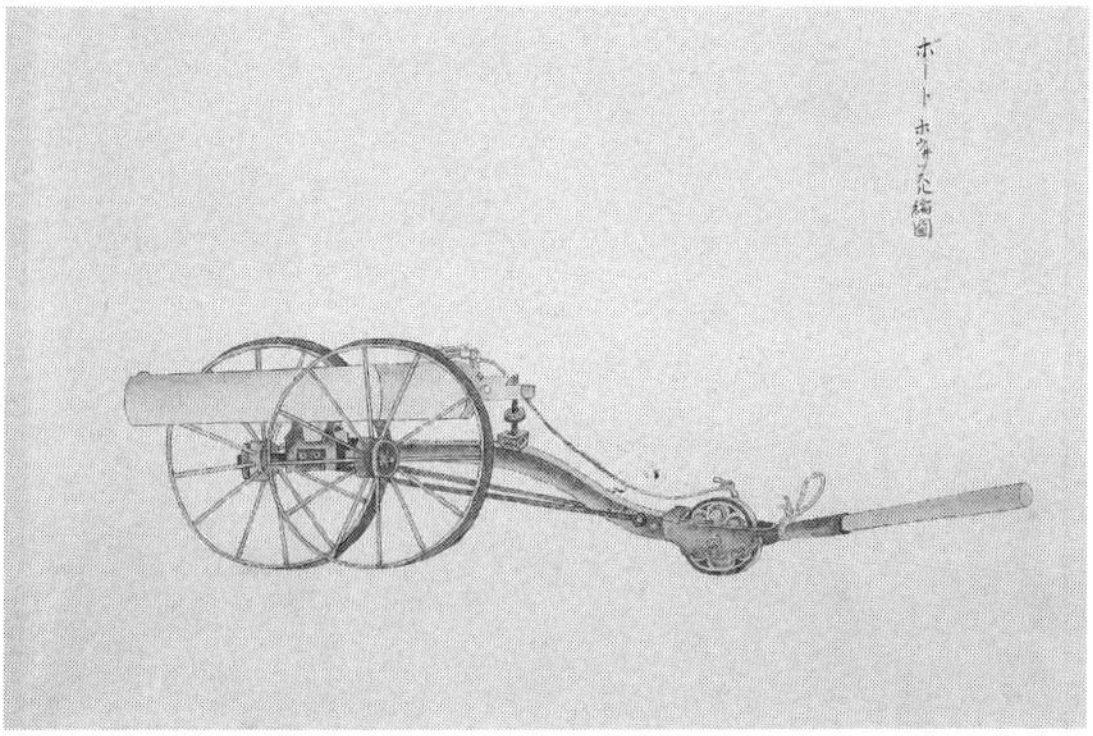

ペリー艦隊に積み込まれていた大砲（横浜開港資料館蔵「黒船絵巻」から）

また、二十四日の日記には、現在の横須賀市長井町の沖で十四日に座礁したマセドニアン号の積み荷が三浦半島の各地に漂着したことが記され、漂着物の多くが大砲の火薬や弾丸であったことが記録されている。

漂着物の中には百五十キログラムに達する弾丸もあり、人々はアメリカ軍艦の巨大な軍事力を痛感することになった。また、祝砲発射を明日に控え、人々は巨大な大砲から発射される祝砲がいかなるものであるのかを考えざるを得なかったと思われる。

09

祝砲

幕府驚き態度一変

【原　文】

廿五日、今日は亜墨理駕国王の誕生日の由。小芝沖の異船七艘、海上にて祝砲として大筒を放す事数多。殊に彼の異人の大筒は一発四響、六響、火薬伝わりこれあり。百発の筒音は響き五、六百の音仕り、筒又火薬の製し方、別にて其煙半時も清まず候得ば今日、船々にて放す筒音は百千の雷の一度に落ちる如く渦巻立ちたる煙の中へ筒口の光走り稲妻の如く。煙雲の濛々たる中に雷霹靂、このごとくに凄まじく候へば天のしきみも挫け地軸も裂け三災壊劫の時来るかと恐怖の人多し。近辺は御触にて委細承知の者も右様に驚き恐るる儀に候へば十里二十里遠所にて此音を聴き候者は最早異国、日本と合戦の始り候由取沙汰いたし候由。其後、下総銚子辺りより来る人の噺に承り、彼地にては最早合戦、鎌倉の浜に始り、日本方、大筒にて打ち殺されし者数千人これあると評判仕り候へば御固に付、夫人多くあたり候者ども断り申し、一人も出る者これなく、大いに混雑仕り候趣。

一、廿六日、浦賀応接場出来に付、組与力、異船へ乗入り、右七艘の船、浦賀へ引き戻し申すべく旨申渡し候へば、異人より申し分、昨丑の六月渡来の節、度々応接是有り候。役人香山に応接仕り候へば旨趣分かり候得共、生死浮沈の大病とこれあり候へば海関へ帰り候ても始末分かり申さず候間、只今より直ちに江戸へ乗り入れ申すべく候と、最早、船の仕度仕り候様子、浦賀役人も胆を消し、其日も是非なく浦賀へ帰りぬ。

浦賀奉行組与力、異人応接掛り香山栄左衛門、昨年丑六月、異船渡来の節、度々応接仕り候処、何様先方の勢ひ強く候へば荒立て候ては事悪しかりなんと柔和に応対、無事に帰帆いたさせ置き、当年渡来の節迄には海岸防御の備へも調ひ申すべくと心得居り候処、然るに異船の渡来存外に早く候得ば、品川三台場を始めとして其外手都合一切行き届き申さず、異人に面会仕り候へば口実これなし。大病と申立て引き籠もり居り候処、今日の様子にて最早、品川沖へ乗り入れ申すべく勢いと承り、心安からず、忽ち作病本復す。

【意　訳】

一、二十五日は初代アメリカ合衆国大統領ワシントンの誕生日でした。このため、小柴沖に停泊していた七艘の異国船は一斉に祝砲を発射しました。異国の大砲は音が大きく、日本のものにくらべて五、六倍もの音が響き渡ります。また、砲煙も長く続き、本日、発射された祝砲を見聞した人々は百千もの雷が一時に落ちたように感じました。人々は、その音に恐怖しました。「御触《おふれ》」によって祝砲発射を知っていた人でさえ驚き恐れたわけですから、遠方で音を聞いた人々は戦争が始まったと噂しました。その後、私は銚子（千葉県銚子市）からやって来た人の話を聞きましたが、この時、銚子では鎌倉（鎌倉市）で戦端が開かれ、砲撃によって数千人の日本人が殺されたと噂が流れました。

一、二十六日、浦賀でペリーと交渉するための建物が完成しました。そのため、奉行所の役人が艦隊に出向き、現在停泊している地点から浦賀まで艦隊を移動させてほしいと伝えました。しかし、ペリー側は、昨年、来航した際に交渉役をつとめた香山栄左衛門を連れてくること、艦隊を江戸沖まで移動させることを要求し、浦賀に戻ることを拒否しました。ペリー側が面会を求めた香山は、昨年、ペリー艦隊が来航した時に、交渉を円滑に進め、艦隊を無事に帰帆させた人物でした。今回は大病を理由に交渉には従事していませんでしたが、会談が難航したことによって交渉役として再び抜擢《ばってき》されました。

日米会談が行われた横浜村の光景。現在、横浜開港資料館が立っている付近（横浜開港資料館蔵「黒船絵巻」から）

【解　説】

嘉永七年（一八五四）一月二十五日、ペリー艦隊のすべての船から初代大統領ワシントンの誕生日を祝う祝砲が発射された。日記は祝砲発射の様子を「筒音は百千の雷が一度に落ちるように感じた」と記している。

祝砲発射に際して、幕府は横浜周辺の村々に対し「黒船から空砲が発射され、大きな音がするが心配することはない」と通達した。そのため、日記の著者が住んでいた地域では大きな混乱はなかった。

しかし、ほかの地域では大砲の発射に驚いた人もいたようで、日記には現在の千葉県銚子市からやって来た人の談話が収録されている。談話は、アメリカ軍艦からの砲撃によって数千人の日本人が鎌倉で撃ち殺されたという噂が流れたというものであった。そのため、これ以後、銚子では幕府が漁民を警備に動員しようとしても、動員を断る人が増えたとある。

また、横浜市域に残された古記録には祝砲発射について記したものが多くある。これらの記録には祝砲が初代アメリカ大統領の誕生日を祝って発射されたと記されている。現在でも初代大統領の誕生日を知っている人はほとんどいないが、ペリー艦隊の来航は人々の国際化を一気に進めたようである。

ともあれ祝砲の発射は、日米交渉を江戸から遠く離れた浦賀でおこなうことに固執していた幕府の態度を一変させたといわれている。百発以上の空砲の発射に驚いた幕府は、この数日後に交渉場所を横浜にすることをアメリカ側に通達し、横浜は一躍国際的に脚光を浴びることになった。

10

交渉役　浦賀のエース官僚

【原　文】

一、二十七日、小芝沖の異船七艘、小舟を以て先に海の深浅を計り窺ひ、其後より随い、品川の方へ志し行く。浦賀御用船一艘長鶴丸、数多の曳船を以て跡より追っ掛け、羽田沖にて異船に乗り着き、此処に碇を下ろさせ、浦賀組与力応接掛り香山栄左衛門、異船へ乗り入り、応接数刻に及び、異船、品川へ直ちに乗り入り相休み。当地方に於いても江戸役人出張り応接これあるべく由に定まりぬ。右の趣、江戸表へ掛け合い申すべく間、定めて昨年の国書の返答も当処海岸にて応接の上これあるべくと申し候へば異人より申し候には然からば両三日中に返事相違なく承るべくと申し。香山氏申す、右の日限も承知いたし候間、明日にも先右応接の場所見分いたし取り極め申すべくと。其日は右にて相済み申し候。

此、香山栄左衛門と申す人は年齢四十未満の人に候へ共、至って策略これある人にて尚又、其生まれ付き天性柔和の人品にて平日は言少なくして人に逆らふ事なく家来・一家・朋友の者、ついに喜怒の色を見ず。剣道はもとより文学に通じ書風見事に心中慈悲の志し多く、在る時、海岸に横死の者、流れ寄り候得ば自分見届け其他の者を呼び、金子を出し葬式等入念に営み、余りの金子を以て石碑を立て、尚々余り候金子は寺院へ納め、其人の追福料とす。若輩の人の珍しき事なり。不思議に異人も此人の申す事、終に戻らず。

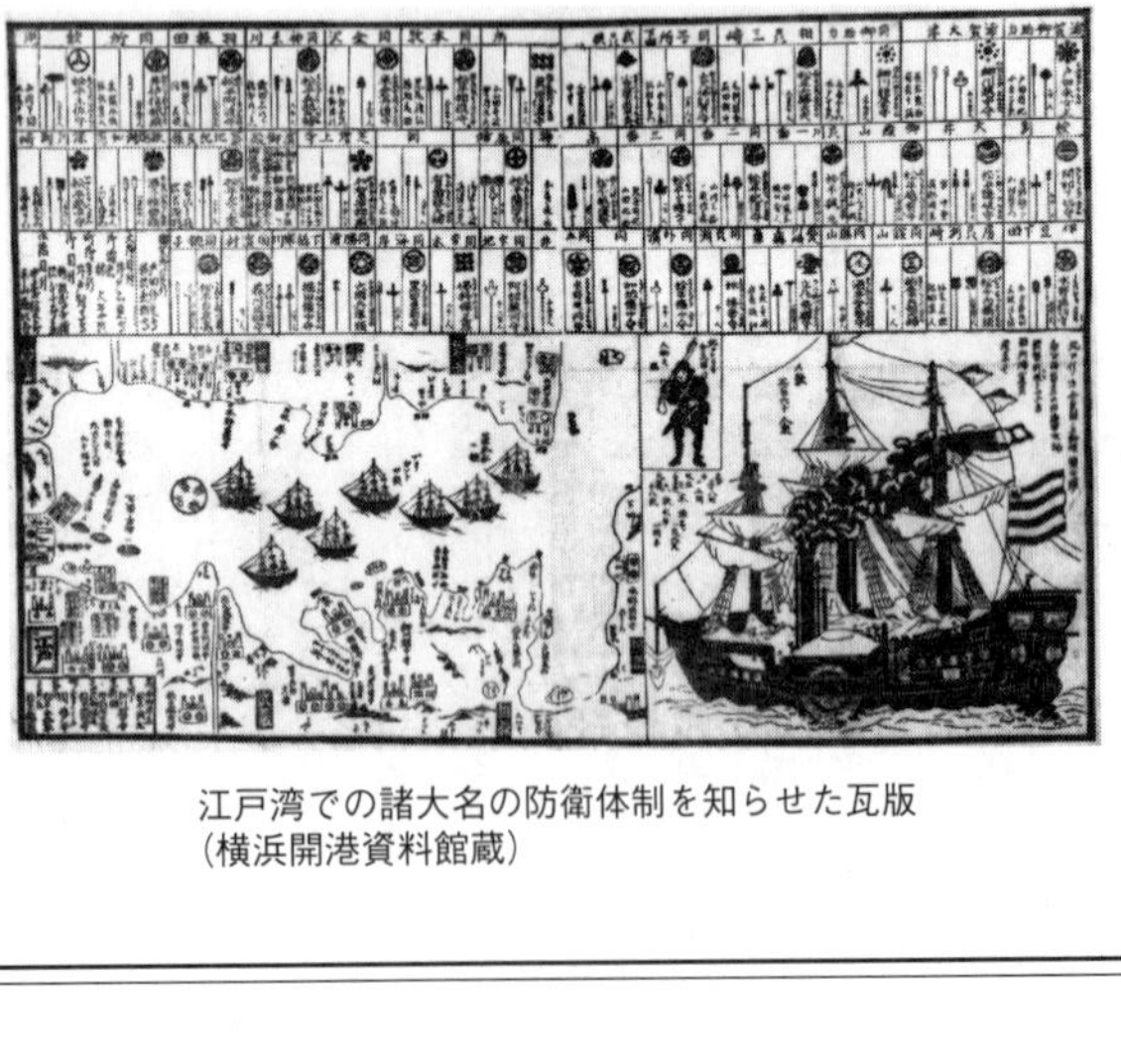

江戸湾での諸大名の防衛体制を知らせた瓦版
(横浜開港資料館蔵)

【意　訳】

一、香山が交渉に出向いたのは二十七日のことで、この日、小柴沖に停泊していた艦隊は江戸湾の奥に向かって移動し始めました。その内の五艘は神奈川宿の沖から生麦沖を越え、羽田沖付近に碇《いかり》をおろしました。また、各船は測量船を繰り出し、水深を測りました。これに驚いた浦賀奉行所では御用船の長鶴丸を派遣し、与力の香山栄左衛門が異国船に乗り込み、数時間にわたって会見しました。その結果、香山は幕府にペリー側の要望を伝えること、二、三日中に返答すること、明日にも応接場所の視察を実施することを約束しました。

この香山という人物は四十歳未満の人で、大変策略のある人物でした。生まれつき柔和な性格で平常は言葉少なく、家来にも家族にも怒った顔を見せたことがありませんでした。剣道がうまく、書道も巧みでした。ある時、海岸に溺死者が流れ着き、死者の菩提《ぼだい》を自費で賄い石碑まで建てたという逸話まで残っています。若輩の人には珍しいことで、外国人も香山のいうことは良く聞いたということです。

【解　説】

日米交渉をおこなう場所をどこにするかという問題は一月二十七日に一気に進展した。このころ、前年にアメリカ側との交渉役をつとめた浦賀奉行所の与力香山栄左衛門が交渉役に復帰し、ペリー艦隊に赴いたことが交渉を進めるきっかけとなった。また、二十七日には艦隊が小柴沖から大師河原（川崎市）や羽田（東京都大田区）の沖に船を進め、測量船を各地に出したことも交渉進展の要因のひとつであった。

ペリー艦隊の乗組員が記した記録には、船から江戸の市街地を望むことができたとあるから、幕府は艦隊の江戸への接近に危機感を強め、交渉開始をのまざるを得ないと考えたようである。「亜墨理駕船渡来日記」には二十七日に日米の間で横浜での交渉が決まったと記されているが、別の資料では二十八日と記している。この点については二十八日が正しい。しかし、いずれにしても香山とアメリカ側との間で交渉が進められ、幕府も正式に横浜での交渉開始を認めたことは間違いない。

また、ペリー艦隊の通訳であったウィリアムズが記した記録によれば、香山は二人の通

ペリー来航直前の横浜村の光景。右手の橋が架かっているあたりが現在の伊勢佐木町。ノリの養殖場やイワシの漁場があったと記されている（横浜開港資料館蔵）

訳を連れてポーハタン号を訪れ、参謀長アダムスと会見した。会談に先立ち茶とケーキが出されたとあるから、会談は友好的な雰囲気で始まったようである。席上、ペリーから香山に地球儀が贈られ、地球儀の説明が行われた。また、浦賀沖へ艦隊を戻そうとする香山とアダムスの間で激しいやりとりもあったようである。最終的に香山が横浜での会談を認めたことは先に記した通りであり、会談が終了し、一行が横浜村への調査へ出向いたのは午後三時十五分であったと伝えられる。

ところで、日記は交渉役をつとめた香山の人柄やエピソードを詳細に紹介している。当時から外交の第一線で活躍する浦賀奉行所の役人のことが一般の人々の間で大きな話題になっていたことを知ることができる。日記の著者は、香山を大変優れた人物と高く評価しているから、香山は当時から外務官僚として広く知られていたのかもしれない。

現在でも香山については、さまざまな研究書などで紹介されているが、香山は文政四年（一八二一）生まれであり、ペリー来航当時は三十代はじめの人物であった。父は紀州藩士であり、十代半ばで幕臣の香山家の養子になった。幕末には幕府歩兵隊の将校として活躍し、軍人として各地で活躍した。そうした活躍の出発点がペリー艦隊の来航時に交渉役をつとめたことであったようである。

11

上陸

交渉場選び目印棒

【原　文】

一、二十八日、羽田沖の異船より端舟四艘、内二艘は金川の方へ参り、二艘は横浜へ寄せ、異人三十人計り上陸す。香山栄左衛門の案内にて今日応接場見分これあり候。香山栄左衛門、村役人を呼び当村に何宗にても苦しからず、寺院はこれなく候やと尋ぬ。役人申し上げ候。真言宗増徳院と申すこれありと答候へば其寺海岸より何程これあり候や。答凡四、五丁もこれあり候と申し候へば其にては不都合なりとこれあり。それより村役人を案内として海岸添い北の方へ参り、此に字駒形と申す所これあり。此処は四方見晴らしの平地にして海岸の足場も宜しく、究竟の地に候得ば異人より申すには此地応接場然るべくと申す。香山氏、然らば後日異変これなき様に場所其方にて印し仕るべく候と申し候へば、異人篤と見定め、棒を立て印仕り候。此にて応接場取り定まり、猶又、異人より申すには三日の内に応接仕るべく候。此儀、間違いなしと申す。香山承知の旨返答仕り候へば異人、香山氏の手を握り約諾仕り、それより村内処々見廻り、異人は羽田の本船へ帰る。

【意　訳】

一、二十八日、香山は神奈川宿の対岸に位置する横浜村を日米双方で視察するため、羽田沖に停泊した異国船から四艘の小船を出させました。この内、二艘は横浜村に向かい、三十人ほどのアメリカ人が上陸しました。案内は香山がつとめました。香山は最初に村役人を呼び、どんな宗派でも良いから寺院が村内にないかと尋ね、村役人は海岸から四、五百メートル離れた所に真言宗増徳院があると答えました。また、村役人に案内をさせながら海岸沿いを歩いたところ、駒形という地名のところに出ました。この地は、四方の見晴らしも良く平地であるため、アメリカ人も応接場として最適であると同意しました。香山は、後日になって異論が出ないようにとペリー側に目印を置くことを提案し、ペリー側は駒形の地に棒を立て後日の印にしました。これによって、艦隊来航以来の懸案であった応接場の場所が決定しました。香山とアメリカ代表は手を握り交渉場所について約束を交わしました。

【解　説】

一月二十八日、参謀長のアダムスが香山とともに横浜村に赴くことになった。横浜村に上陸したアダムスは村を一見した後、この地が交渉場所として適当であることを確認した。「亜墨理駕船渡来日記」には記されていないが、ペリーが望んでいた交渉場所の条件は、①江戸から近い場所であること、②沖合に艦隊を整列させてペリー艦隊の軍事力を日本側に強調できること、③交渉場所へ艦隊から砲弾が届く距離であること、④汽車の模型や伝信機などを展覧できる広い場所があることなどであった。横浜村はいずれの条件にも適合し、この地は日本の歴史に永く名前を残すことが決定した。

この日は、艦隊乗組員が初めて横浜村へ上陸した日となったが、日記には香山やアダムスの様子が詳細に記されている。

この時、香山は村役人を呼び、寺院があるかと尋ねたようで、村役人は増徳院という寺を紹介している。香山は交渉が始まった際に寺院の建物を休憩所などに使用することを想定していたのかもしれない。

ペリー艦隊の随行画家が描いた横浜村の光景（横浜開港資料館蔵「ペリー艦隊日本遠征記」から）

また、香山とアダムスが会見場として横浜村の駒形という場所（現在、横浜開港資料館が立っている所）を選び、その場所にアダムスが目印の棒を立てたことを日記は詳細に記している。著者がこうした光景を見ていた可能性もあり、日記は乗組員の上陸を目のあたりにしたかもしれない人物が記録した貴重な歴史資料になった。

この時の様子については、ペリー艦隊通訳ウィリアムズが記した記録にも記述があり、会談場として麦畑が選ばれたこと、村人の住居を四、五軒取り壊す必要があることなどが記されている。ウィリアムズは、アダムス一行が村外れに下肥や堆肥《たいひ》が置いてあるのを見て、強烈なにおいにあきれたようであったと記している。

この記録には乗組員が村人の生活用具を観察した様子も記され、綿の実から種子だけを弾き出す道具や菜種から油を絞り出す道具があったとある。家については、厚い茅《かや》でおおわれた屋根に驚きの声をあげている。

また、乗組員は墓地についても関心を持ったようで、数百の石塔が並ぶ墓地を前にして遺体をどこに埋葬するのかと尋ねている。「亜墨理駕船渡来日記」のような日本側の記録と乗組員の記録を読みくらべることによって、どのような接触があったのかを知ることができ興味深い。

12 横浜村 住民の驚きと恐れ

【原　文】

今日、異人応接場駒形に取り定めの節、ギヤマンの壺に数多酒を入れ持ち来り呑み終り、右の徳利壺見物の者に遣わすべく真似仕り候へ共、受取申すものこれなし。右徳利壺残らず海中へ投げ捨て申し候。扨て今日、横浜村内にて評判仕り候には応接場、当所に定め候へば万一事違これあり候時は異国と日本と合戦の手始めは先ず当所なり。然る時は双方打合い候大筒の火花にて家蔵は忽ち焼失仕るべく候。急ぎ衣類・穀物・釜鍋等手重き品、船に積み入れ、三里、五里の遠処の縁者へ預り、桶鉢其の外の道具は土中に埋め、金銀を懐中致し、老少の者をば何方へ連れ行き申すべし。馬よ舟よと混雑の最中、今日昼の中、神奈川へ参り候二艘の小舟、黄昏前に横浜の海岸へ来り、異人今以て当所に待ち居り候事と心得、処々尋ね廻り候。尤も各々鉄砲持参の事なれば、或る臆病者、此様子見付け、すは異人より夜討を掛け来ると申し触れ候へば左なきだに昼の中より逃げ支度の人々に候へば大変事出来せりと老を扶け幼を携へ、男女岐路に叫び、東西に迷ひ、常には熟路の北方村が思ふ

訳で南にあると狼狽廻り大方ならぬ其夜の騒
動、後に咄し候得ば馬鹿らしき事に候得共、
其時は実に然り。

ペリー艦隊の乗組員。横浜村の住民は武装した兵士を間近に眺めた
（横浜開港資料館蔵「黒船絵巻」から）

【意　訳】

二十八日、香山との話し合いを終えたアメリカ人たちは、応接場が決定したことを祝ってギヤマンの壺に入れた酒を飲み、空になった壺を村民に渡そうとしましたが、受け取る者はいませんでした。そこで、アメリカ人は空の壺を海中へ投げ捨てました。こうして、横浜は応接場になりましたが、この時、村人は、なにか問題が起これば横浜が戦場になることを恐れました。なかには衣類・穀物・釜・鍋を船に積み遠方に送ることを考えた者、老人や子供を疎開させようとした者もいたようです。また、黄昏時に横浜の海岸に二艘のペリー艦隊の小船がやって来ましたが、武装した兵士を見た臆病な村人の中には夜襲かと騒いだ人もいました。後になってみればばかばかしいと思いますが、本当に恐ろしかったものです。

【解　説】

「亜墨理駕船渡来日記」には一月二十八日に初めて横浜に上陸したペリー艦隊乗組員を間近に見た横浜村住民の動向が詳細に記されている。この時、アダムス一行三十余人は、村内の各地を歩き回ったようで、突然の外国人の来訪に村人は驚きの声をあげた。アダムス一行は、上陸後、海岸沿いに歩いたようで、現在の横浜開港資料館が立っている地点（当時、横浜村駒形と呼ばれた場所）を交渉場所としてもっとも良い所と判断した。

彼らは、そこで祝杯をあげ、交渉場所を見つけたことを祝ったが、日記には、この時、村人が遠巻きに酒を飲む乗組員を眺めたと記録されている。また、横浜が交渉場所になったことは、直ちに村人にも伝わり、交渉が決裂した際に戦争が勃発《ぼっぱつ》することを恐れた村人の中には家財道具を疎開させようとした者もいたと記されている。日記は村人の様子を「男女岐路に叫び、東西に迷い」と伝え、その騒ぎは尋常ではなかったことを記している。

また、戦争勃発に備えて、衣類や食糧を船に積み込み、桶や鉢を土中に埋めた人もいたとある。こうした混乱はペリー艦隊乗組員が鉄砲を持っていたことから引き起こされ、村人たちは「夜討」と勘違いしたようである。いずれにしても、住民は横浜村が交渉場所に選ばれたことを迷惑と考えたようである。

その後、実際に交渉が始まると人々は乗組員と親密な交流を繰り広げるようになるが、両者の最初の接触は、日本人がこわごわと乗組員を眺めることから始まったといえよう。もっとも、艦隊乗組員の方は、ガラスの壺に入った酒を飲んだ後、この壺を住民に進呈するそぶりを見せたとあるから、村人と友好的に交流したいと考えていたのかもしれない。

13 建設 二日間で小屋完成

【原　文】

一、廿九日、今日、異人本牧八王子鼻へ小舟にて参り、右の通り岩に落書仕り候。此訳は明日より横浜へ上り候と申す略語のよし。

一、二月朔日、羽田沖の異船、横浜沖へ改泊仕り候。今夕より笛・太鼓にて音楽に似たる囃子仕り候。又、六つ時分に大筒一発す。是より以来朝夕右同断。今日、浦賀奉行組与力・同心衆御越し。浦賀に建てこれあり候応接小屋引き払い、横浜へ積み越しに掛る。

一、二日、今日より横浜字駒方と申す処に応接場普請始まる。尤も、小切組等、浦賀より積来る。工匠数多立入り大急ぎ。四日迄に仕揚げ申すべく様仰せ渡し。今日、浦賀御奉行応接掛り伊沢美作守、神奈川宿へ着。江戸町御奉行井上対馬守、神奈川へ着す。

一、三日、今日、御儒者林大学頭、御目付鵜殿民部少輔、御認役松崎満太郎、阿蘭陀

通辞三人、御徒目付、御小人目付、其外、与力・同心、江戸より神奈川へ御着これあり。

一、四日、応接場普請出来。明五日、初応接これあり。引合の処、異国の使節、病気の由延引。今日、相州三浦郡松輪崎沖へ異国船一艘停泊の由。専ら風評これあり候処、此夜方に浦賀より神奈川へ注進これあり。

五日、伊沢美作守より今朝、江戸御注進、左の通り。

昨朝、相州松輪崎へ異国船一艘碇泊いたし、尤も亜美理駕類船の趣。大筒も二十挺据えこれあり。模様次第、早速、江戸へ乗込み候段、手真似いたし候趣、今朝、浦賀より申し来り候間、此段相心得申し達し候。

二月五日

美作

猶、応接組の者、乗り込ませ、相なるたけ引き留め置き候間、申し諭し中に候得共、類船に候間行届き申すまじくと申し来る。

【意　訳】

一、二十九日、今日も外国人が本牧の八王子と呼ばれる地域の岸壁に小船で接近し、落書きをしました。その意味は明日から横浜へ上陸するということだと噂しています。

一、二月一日、羽田沖に停泊していた異国船が横浜の沖合に移動しました。船上からは笛や太鼓の音が聞こえました。また、夕刻に空砲が一発発射されましたが、これ以後、毎日朝晩一発ずつの空砲が撃たれるようになりました。今日から浦賀に立っていた応接小屋（幕府が建設したもので、この建物で日米交渉がおこなわれた）を横浜へ移築するための輸送が始まりました。

一、二日には横浜村の駒形という場所で応接小屋の建設が開始され、四日までに工事が出来上がる予定で多くの大工たちが働いています。また、応接掛（アメリカとの交渉を担当する役人）を命じられた伊《い》沢美作守《ざわみまさかのかみ》らが神奈川宿に到着しました。

一、三日には幕府全権の林大学頭《だいがくのかみ》や目付である鵜殿《うどの》らが続々と神奈川宿に入りました。

一、四日には予定通り応接小屋が完成し、翌五日から日米交渉が始まると言われていましたが、ペリーが病気とのことで延期になりました。また、松輪崎に新たに異国船（サラトガ号）が到着したとの報告が神奈川宿にもたらされました。

浦賀奉行の伊沢美作守が五日に幕府に提出した異国船到着についての文書を入手しました。これによれば、新たに来航した異国船はアメリカ船で、大砲を二十挺積んだ軍艦のようです。また、奉行所の役人が江戸湾に入ることを止めようとしていますが、無理であろうと記されています。

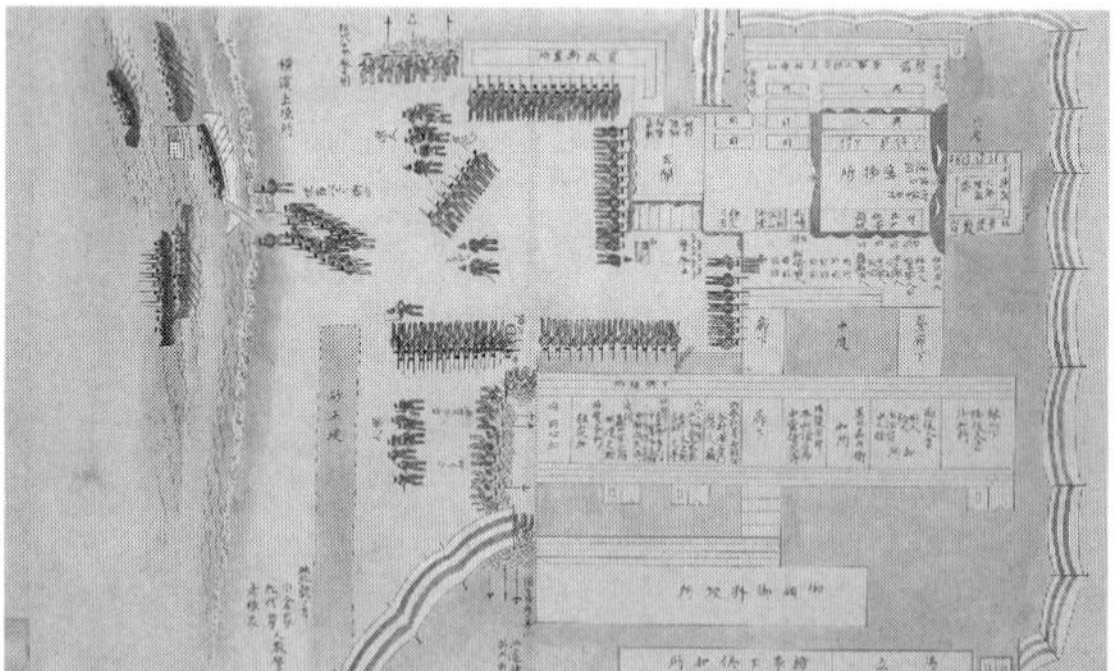

日米会談が行われた建物（応接所）の見取り図。どこに誰が座るのかについて具体的に記されている（横浜開港資料館蔵「黒船絵巻」から）

【解　説】

明治三十一年（一八九八）八月十四日の横浜貿易新聞に収録された日記には、交渉開始直前のペリー艦隊と　警備にあたる諸藩の動向が記されている。

日記によれば、二月一日に羽田沖まで侵入していたペリー艦隊は横浜沖に移動した。また、六日には新たに来航したサラトガ号が横浜沖に到着している。

一方、日本側の警備陣も、松代藩（長野県長野市に城を持つ藩）と小倉藩（福岡県北九州市に城を持つ藩）を中心に横浜を警護することが決定した。また、二日から三日にかけて、応接にあたる幕府役人が続々と神奈川宿に到着した。

さらに、交渉をおこなう建物（応接所）も浦賀から移築され、四日には普請が完成したと記されている。

ところで、日記には記されていないが、この間、六日には、幕府首脳が交渉方針を決定していた。また、七日におこなわれた予備会談では、ペリー側が強硬な態度で会談に臨むことを表明した。

まず、交渉方針については、繰り返し会議が幕府を中心にして持たれたが、容易には方針が決まらなかった。

しかし、なんとか戦争を回避したい幕府首脳は、六日に交渉役の林らに（1）アメリカ船が日本近海で難破した際には漂流民を救助すること、（2）アメリカ船に炭や水の補給をおこなうことなどを認めても良いとする方針を通達した。

また、この通達ではアメリカと貿易をすることを認めていないが、幕府首脳の一人がひそかに貿易開始を認めたと記した古記録もある。

14

警備 松代、小倉藩が担当

【原 文】

一、六日、亜美理駕船一艘、新たに入海。同処、横浜沖へ碇泊。松輪崎にこれあり候船なり。今夕、真田の宿割来る。

一、七日、真田・小笠原固め人数、一番手来る。真田侯人数は横浜。小笠原侯人数は太田村。両村に下宿これあり。明八日、応接此れ有様、異船へ仰せ渡しこれあり候処、使者病気、今もって全快仕らず候。然しながら、来る十日は天気も快晴に候へば右日は如何と申す。右の日に相定め申し候。此度の初応接は異人より頻りに急ぎ候間、応接等も急御用にて出来仕り候。然るに出来の後、病気と申し立て、右の通り毎度延引仕り候。何等の儀に候や知らず。

一、八日、浦賀奉行伊沢美作守より江戸へ達し。

明後十日、神奈川沖滞留の異船に於て応接の祝砲として右八艘の内にて空砲五十発打ち放し候間、砲声等も響き申すべく候へ共、空砲の事故、心配の儀はこれなく候間、動揺致すまじく候。尤も雨天日送りの積りに候条、右の趣洩れざる様相触れ申すべく者也

二月八日

美作

右の通り御達しこれあり。猶又、右之趣当地遠近御触これあり。今日、林大学頭・井戸対馬守・伊沢美作守・鵜殿民部少輔・松崎満太郎・御徒目付・御小人目付・阿蘭陀通辞、其他、与力・同心迄応接場出来、見分として神奈川より船にて御越し、異人も十六人計り場所見置きとして上陸す。暮れ方には御役人方御帰り。（記者曰く。此処、応接場の図面あれども略す）

一、九日、真田・小笠原、両侯固め人数場所割渡し。眞田侯は横浜村中程より少し西、駒形よりは南に当る字中島と申す処。小笠原侯は横浜村より北西、字洲乾と申す処、駒形よりも西北に当る。右の通り御渡しこれあり。

【意　訳】

一、六日に松輪崎に停泊していたアメリカ船が横浜沖までやって来ました。

一、七日に真田（松代藩）と小笠原（小倉藩）の藩兵の内、一番手の者が横浜村と隣村である太田村に到着しました。彼らは村に宿泊し、応接場の警備にあたることになっています。また、明日には日米交渉が始まる予定でしたが、ペリーが病気とのことで、十日ではどうかと話し合いが進んでいます。アメリカ側が一刻も早い交渉開始を望んでいたのに、病気などと言って交渉開始を遅らせることが不思議でなりません。

一、八日、明後日の応接開始の際に異国船が五十発の祝砲を発射することを浦賀奉行伊沢美作守《いざわみまさかのかみ》が幕府に伝えました。また、今日、林大学頭《だいがくのかみ》をはじめとする日本側の応接掛が横浜まで視察に訪れました。同時に、外国人も十六人ほど横浜村に上陸しました。

一、横浜村一帯を警備する真田（松代藩）と小笠原（小倉藩）の担当場所が九日に決まりました。真田は横浜村の中島という所（応接場の南側）、小笠原は横浜村の洲乾という所（応接場の西北）になりました。

【解説】

二月六日から九日の「亜墨理駕船渡来日記」は、横浜での諸大名の動向を紹介している。この間、横浜では日米会談の開始に先立ち警備体制が整えられたが、日記はその様子を克明に記録した。日記によれば、六日に「真田」（松代藩のこと）が警備陣の宿舎を決めるため、横浜村に役人を派遣している。七日には松代藩と「小笠原」（小倉藩のこと）の藩兵の一番手が到着している。

このうち、横浜村を警備したのは松代藩であり、小倉藩は隣村の太田村に当初は警備陣を配置した。八日には浦賀奉行から幕府に、ペリー艦隊から祝砲が発射されるとの報告が行われ、日記は報告文を掲載している。

さらに、日記は、日本側の交渉役に任命された林

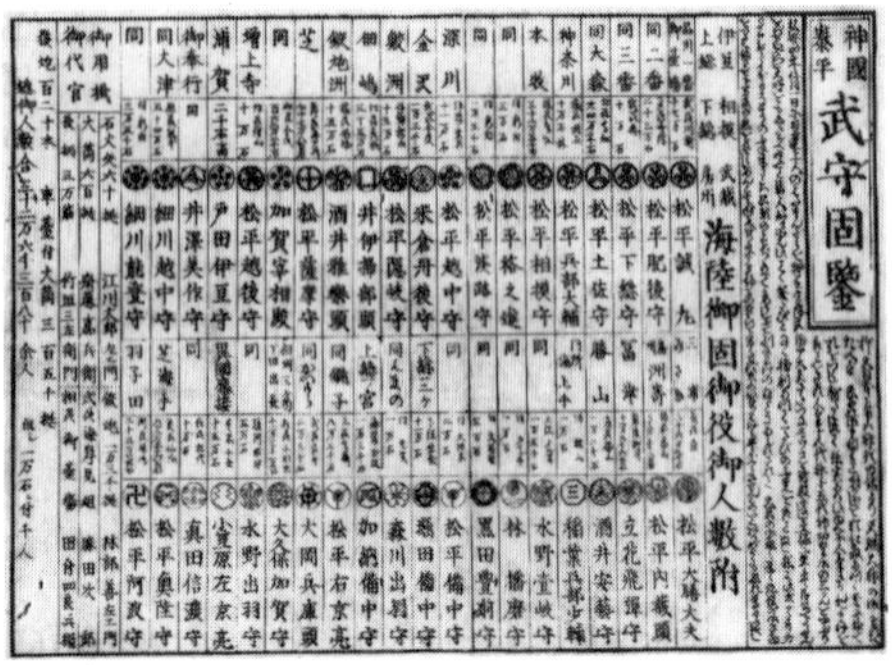

江戸湾の警備体制を記した瓦版。下段左に「異国応接」を担当した真田（松代藩）と小笠原（小倉藩）の名前がある（横浜開港資料館蔵）

大学頭らが到着したことを記録している。林たちが神奈川宿から船で横浜村までやって来たと記されているから、著者は交渉役の到着を目のあたりにしていたのかもしれない。

ところで、七日には浦賀奉行所の役人と参謀長アダムスとの予備会談がおこなわれたことが分かっている。しかし、この点については日記に記述がない。

幕府の公式記録によれば、通訳を伴いポーハタン号を訪ねた浦賀奉行所支配組頭（奉行所の上級役人）の黒川嘉兵衛に対し、アダムスは日米会談に際し、幕府がアメリカ側の要求を速やかに承認するように求めている。また、要求が認められなければ、戦争も覚悟していること、近海に五十艘、カリフォルニアに五十艘の軍艦を用意していることを主張した。

もちろん、きちんとした補給路を持たないペリー艦隊にとって戦争の開始は絶対に避けたいことであったが、アダムスの発言は、交渉を前にした幕府には強い威嚇と感じられたと思われる。

15

初応接

横浜村に幕府外交団

【原　文】

一、十日、今日、初応接。右場所へ御出役これあり候日本方御役人面々、御儒者林大学頭、大目付上席兼町御奉行井戸対馬守、浦賀御奉行応接掛伊沢美作守、御目付鵜殿民部少輔、御認役松崎満太郎、御徒目付平山鎌次郎、同中台権太郎、御小人目付山本文之助、山本覚太郎、前田右太郎、吉岡元平、阿蘭陀通辞三人、森山栄之助、堀辰之助、名村五八郎、御支配御代官斎藤嘉兵衛、手付黒川嘉兵衛、辻茂左衛門、山口茂左衛門、応接場作事掛り浦賀奉行組与力の内、合原操蔵、同与力格斎藤太郎助、浦賀奉行組与力応接掛り香山栄左衛門、中島三郎助、松村源八、合原猪之助、豊田多太市、本陣詰御同心服部建蔵、太田良兵衛、異人添浦賀組同心近藤良次、柴田新助、中村比右衛門、大久保藤次郎、今西幸蔵、藤井清三郎、福西政次郎、中村市之丞、渡辺文左衛門、右は浦賀与力・同心其外、江戸与力・同心、合せて二百騎計り応接場前後左右に警護す。遠巻きの備へは豊前小倉十五万石小笠原左京大

輔、陣代固め人数、洲乾弁天、橋の東南より長蛇の如く幕引き張り、陣頭には家の紋、三階菱の旗指物。中島の中央には信州松代十万石真田信濃守、陣代固め人数、睡虎の如く一隊丸く陣を張り、家の紋六文銭の事。陣上に旗指物、空吹く風に翩翻と靡かせて事厳重に見えたりけり。頃は嘉永七年甲寅更衣十日、朝早きより陣所々々の用意調ひ、弓は嚢、刀は鞘に治まる。御世に久堅の天も裂くると杞国の憂を懐く民、又は国の武士に夢醒せとや。

ペリー来航を伝えた瓦版。中央の人物がペリー
（横浜開港資料館蔵）

【意　訳】

一、十日、いよいよ日米交渉が始まりました。日本側の外交団は、儒者の林大学頭《だいがくのかみ》、大目付上席で町奉行をつとめる井戸対馬《つしまの》守《かみ》、浦賀奉行の伊沢美作守《いざわみまさかのかみ》、目付の鵜殿《うどの》民部少輔《みんぶしょうゆう》、認役の松崎満太郎、徒《かち》目付の平山鎌次郎と中台権太郎、小人《こびと》目付の山本文之助・山本覚太郎・前田右太郎・吉岡元平、オランダ語通訳の森山栄之助・堀辰之助・名村五八郎などによって構成されました。これに加えて、幕府代官の斉藤嘉兵衛、代官手付の黒川嘉兵衛・辻茂左衛門・山口茂左衛門、応接場作事掛で浦賀奉行所与力の合原操蔵、与力格の斉藤太郎助、応接掛で浦賀奉行所与力の香山栄左衛門・中島三郎助・松村源八・合原猪之助・豊田多太市も横浜に出張しました。また、神奈川本陣には同心の服部建蔵と太田良兵衛が詰め、浦賀奉行所の同心である近藤良次・柴田新助・中村比右衛門・大久保藤次郎・今西幸蔵・藤井清三郎・福西政次郎・中村市之丞《じょう》・渡辺文左衛門が出張りました。応接場周辺では、浦賀奉行所や江戸町奉行所の与力と同心二百人が警備しました。その外側の警備は小倉十五万石の大名小笠原左京大輔が担当し、幔幕《まんまく》を張りめぐらしました。応接場の中央には松代十万石の大名真田信濃守が陣取り、六文銭の家紋が見えました。旗指物が風になびき、大変厳重な警備体制をとっているように感じられました。こうして早朝より用意は整いました。これから世の中がどうなるのかと人々は心配していました。武士の目を覚まさせるような大事件です。

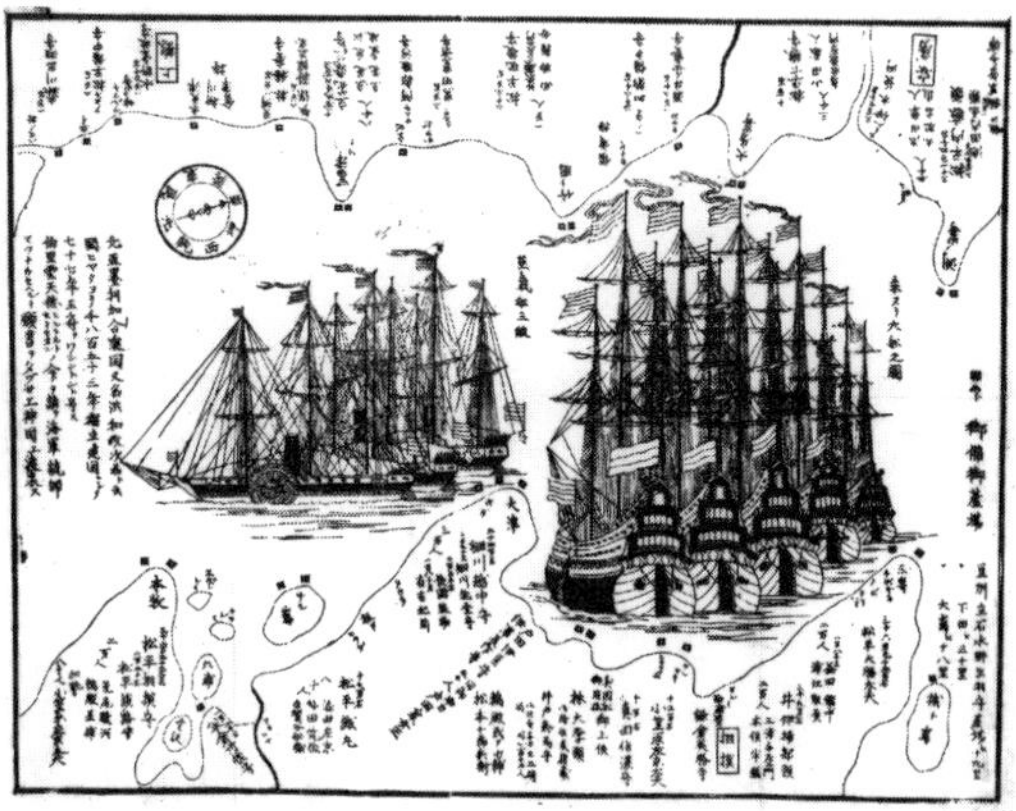

江戸湾に停泊したペリー艦隊を描いた瓦版（横浜開港資料館蔵）

【解　説】

明治三十一年（一八九八）八月十六日、横浜貿易新聞はペリー来航後、最大の事件であった第一回日米会談開催について記した「亜墨理駕船渡来日記」を掲載した。

この日の新聞に掲載された日記は、嘉永七年（一八五四）二月十日のものであるが、記事は大変詳細であった。二月十日の記述は長いものであり、新聞は八月十八日まで三日間にわたって二月十日の日記を掲載し続けた。

この日の日記は、日本側の外交団と警備陣の陣容についての記述から始まっている。日記には多くの人名が記されているが、実際に応接所に入ってペリーとの交渉にあたったのは、首席の林大学頭、町奉行の井戸対馬守、浦賀奉行の伊沢美作守、目付の鵜殿民部少輔、儒者の松崎満太郎の五人と通訳の森山栄之助であった。

警備陣についても日記には詳細な名簿が記載されているが、浦賀奉行所や江戸の町奉行所の役人が総動員されているような感がある。

これに加えて、横浜村周辺の警備にあたった小倉藩と松代藩の警備体制についても記述

Imperial Barge at Yoku-hama.

幕府の応接掛（日本側全権）を乗せて、横浜に到着した天神丸。この船は将軍の持ち船であった（横浜開港資料館蔵「ペリー艦隊日本遠征記」から）

があり、日記から当時の様子をうかがうことができる。小倉藩については「洲乾弁天」のあたりに本陣を置き、松代藩は交渉場所の中央に配置されたとある。また、著者は「武士は夢醒せと」と記し、太平の世に慣れた武士に「覚醒せよ」と述べている。

16

陣容

「威風堂々」の上陸

【原　文】

一、大筒と名づけたる兵器を数多保命艇に積み乗せ其数都合廿七艘。追々磯に乗せ寄る上陸の異人凡千人計り（尤、三百人余は舟方にて舟の中に居り、実の上陸は七百人計り）。今日、上陸の異人、応接前の次第、鉄砲方三百六十人、内百二十人浅黄羅紗の夷服、鉄砲だすき・玉袋は白。内二百四十人、黒羅紗の夷服、鉄砲だすき・玉袋は白。各々剣付の鉄砲を左の手に持ち、外に十人、肩に牡丹の金具附きたるこれあり。また、二十人計り、牡丹の金具に房下がりたる者これあり。又、四人（多くは二人にて勤め申し候）、黒衣装牡丹金具に房下がり、左の股引に三寸計り、竪に猩々緋の割筋を入れ、頭に（図略す）右様なる鳥毛の附きたる冠を戴き、剣を抜きて指揮仕り候者これあり。海軍隊の役人と称し候由、行列の次第は一切此役人の指図に随ひ左右仕り候。楽人四隊これあり。其数、大太鼓・小太鼓二人、横笛大小二人、無名子（大羅巴の事なり）二人、中の羅巴二人、智耶理美魯（声を長く引く笛なり）二人、筵一人、留鉦一人、右の通り一組に十三四人も組合申し候。頭に（図略）斯く様の冠を戴き、一同黒衣羅紗の夷服なり。皆々船より出て一艘々々の異人二三十人宛隊伍いたし居り候処、右鳥毛冠の役人指図仕り候へば各々行列を正す。其次第、御玄関前少し明け置き左右に並び、右南の方は浅黄衣の鉄砲方、左北の方は黒衣の鉄砲方、其間に処々肩に牡丹金具附きの異人立交じり、尤も左右二行に立ち、四ヶ所の楽人ハヤシ始め候と海軍隊の役人の指図に随ひ行列を始め申し候。其様子或は廻り、或は進み、又は三段・四段に並び、又は鉄砲を杖つき、或は立膝して鉄砲を膝の上にて眼量眼直抔仕り候様子は全く軍陣の備へ懸け引きの由。挙げ足、下げ足、進歩、退歩、離散、会合、規矩に準縄し寸分も違はず。皆調練如法言語に断絶。

其後、五月十八日、異人海軍隊の役人に同宿し、右行列の様子を承り候へば右は皆陣立の法にて八陣を用ふる日もこれあり。鸛鵝の陣、魚鱗鶴翼抔と古方これあり。其日々々の様子によりて其備へ替り候事と申し候。

【意　訳】

一、ペリー一行がボートを繰り出したのは午前十一時半のことで、大砲を積んだ二十七艘のボートは一斉に海岸に接近しました。ボートに乗る将兵は約千人でした(実際は約五百人がボートに乗っていたので、日記の記述は少々誇張されている)。その内訳は、鉄砲隊が三百六十人で、浅《あさ》黄《ぎ》色の軍服を着た兵士が百二十人、黒羅《ら》紗《しゃ》の軍服を着た者が二百四十人でした。また、肩のところに金具のついた軍服を着た将校が十人、金具に房を下げた者も二十人ほどいました。さらに、猩猩緋《しょうじょうひ》の筋の入ったズボンを穿き、鳥の羽のついた冠をかぶり、剣を抜いて指揮する者もいました。楽隊もあり、大太鼓・小太鼓・横笛・ラッパなどを演奏しました。楽隊は黒い羅紗の服を着ていました。ボートを降りた将兵は二、三十人ごとに隊列を組み、指揮者の命令で行軍しました。南側は浅黄色の鉄砲隊が、北側は黒羅紗の鉄砲隊が固め、左右二列に並んで行進しました。上陸後、隊列を三段、四段に変えながら、時には鉄砲を杖のように突いたりもしました。また、鉄砲を膝の上に置き、ねらいを定めるようなしぐさもありました。進歩・退歩・離散・集合と行軍の優れた様子は言葉では言い表せません。

【解説】

「亜墨理駕船渡来日記」の二月十日の項は、最初の日米会談に出向くアメリカ側の陣容についても詳細に記している。

二月十日、ペリーは約五百人の将兵をボートに乗せ（日記には約千人と記されているが、これは間違いである）、彼らを従え威風堂々と応接所に入る体制を整えた。

日記によれば、ペリーは二十七艘ものボートに将兵を乗せ、上陸後は銃隊兵士を中心に隊列を組んだ。

現在、この時の様子を描いた絵画が多数残されているが、これらの絵には多くのアメリカ人兵士

ペリーの横浜上陸。左手の建物が応接所。この絵は艦隊随行画家のハイネが描いた（横浜開港資料館蔵）

が上陸する様子が描かれている。

また、その中央には星条旗とともに応接所に向かうペリーの立派な姿があり、自ら威厳を持った姿を日本人に印象づけたいと考えていたペリーの演出は大成功であったことを伝えている。さらに、日記には指揮者の号令のもとで、一糸乱れず行軍する兵士に驚く著者の姿が紹介されているが、軍事力の強大さとともに、よく訓練されたアメリカ軍兵士の姿は日本人を驚かせたに違いない。

17

ペリー　強力な軍事力演出

【原　文】

さて右の行列やや久しく仕り候て程よき時分、海上沖の方、蒸気船ホウハッタンと申す船より白き小舟一艘連奨と申す櫂棹にて波を左右に操り来る者は今般渡来の惣将使節亜美理駕大合衆国欽差大臣、本国師船兼管、日本海水師提督現留伯彼理、其出立は鳥羽玉羅紗の夷服、肩に牡丹金具の房下がり、手甲に金縁の飾筋三ヶ所、股引には金の割筋、竪に入れ、真紅の伊達紐には剣を腰に佩び、右の腰に鉄砲の小筒を指し、帯鉤と申す帯留に金を以って満月の形の如くに致し、模様は岩に立浪、比翼の鷲、胸元の環留も十粒二行一々鷲の紋を附け、伽毘丹流の陣笠を冠り艀より出る。其姿、身の丈七尺計り、肉肥太り、面色桜色にして鼻筋通り、眼中漆を流すが如く、唇は朱を吐くに似たり。頭は短髪、山根の髪際より左右に梳り分け、年六十に前後して童形の如くに見へ候へ共、威風凛々として笠と冠と取替立ちたるは実に大国の使節と見へたりけり。

さて上陸いたし候へば其時、副使アータムス、同フカナン、重訳師ウリユムスの三人出迎ふ。右の四人、御玄関より席へ通る。左右の異人並よく立ち揖礼仕り候。尤も其内はやしいたす使節席へ通ると沖の方八艘の異船にて大筒を放すこと三廻り。磯の小艇も十艘程は沖の方へ向け大筒を三廻り放す。煙雲篭り遠近雷電乾坤を裂く。数千人の者、落胆せざるはなし。

異人の大筒を放し候は一人巣口の右に立ち、一人左の中程に立ち、一人は筒の後に立つ。さて後に立つ人引金を落すと巣口右の一人筒掃除仕り候。左の立人火薬を入れる。後にて引金を引き、右の通り三人にて仕り候。和人の一放仕り候内には十放も二十放も仕り候。陸より見候へば巣口の一人は始終的になりたる如くに見え候。天地に轟く砲声にも恐れずして平気にて余所見いたし居り候。尚又、日本の如く火は用いず、トントロスにて仕り候。トントロスと申すは銀と水銀とを調合する薬方の火薬なり。

【意　訳】

ペリー艦隊の将兵が整列して後、しばらくしたころ、沖に停泊していたポーハタン号から一艘の白いボートが波をかきわけやって来ました。ボートを操るのはアメリカ合衆国の欽差大臣で水師提督のペリーです。彼はラシャの洋服を着ています。肩にはボタンが付き、そこから房が下がっています。上着の腕の部分には金縁の筋、ズボンにも金の筋が縦に入っています。深紅の紐で剣を腰におび、右の腰には小銃を差しています。帯留めには金色の丸い金具が付き、その模様は岩に立浪、比翼の鷲です。胸元の部分にもボタンを付け、一つ一つに鷲の紋が入っています。オランダ商館長が使っているような帽子もかぶっています。ペリーは、こうした姿でボートから降りてきました。背は高く太っています。顔の色は桜色、鼻筋は通り、眼は漆を流したような感じで唇は朱のように真っ赤でした。髪は短く左右に分けていました。年齢は六十歳前後ということでしたが子供のように感じられました。しかし、その姿は威風凛々《りんりん》として大国の使節にふさわしい人物でした。こうして上陸したペリーを参謀長アダムスら三人が出迎え、ペリーと出迎えの三人は応接所の玄関を入りました。この時、沖の八艘の異国船が祝砲を発射し、岸辺にいたボートからも祝砲が発射されました。外国人が祝砲を発射する様子を見ましたが、一人が砲口の右に立ち、一人が左の中ほどに立ち、最後の一人が砲の後ろにいました。後ろに立っている人が引き金を落とすと、砲口のところにいる人が筒を掃除します。また、左の人は火薬を装填《そうてん》します。このように操作することによって、日本の大砲が一発を発射する間に、外国の大砲は十発も二十発も発射できます。陸から見ていると、砲口に立っている兵は砲声も恐れず照準を定めているようです。さらに、日本のように火縄は用いず、トントロスと呼ぶ銀と水銀の化合物を用いているようです。

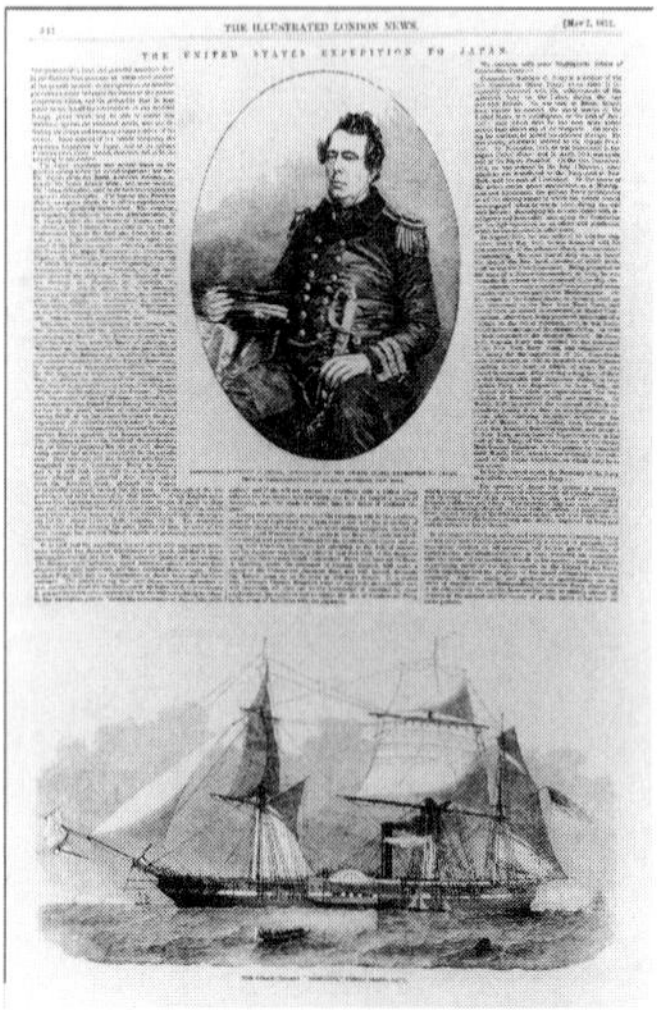
THE ILLUSTRATED LONDON NEWS.

THE UNITED STATES EXPEDITION TO JAPAN.

ロンドンで刊行された新聞に掲載されたペリーの肖像画（横浜開港資料館蔵「絵入りロンドン・ニュース」1853年5月7日号）

【解　説】

二月十日の日記の中でもっとも迫力がある記述は、ペリーがボートに乗って横浜村へ上陸してくる時の記述である。日記によれば、ペリーはすでに上陸を終えたアメリカ将兵が浜辺に整列したことを確認した後、旗艦ポーハタン号からボートを発進させた。日記にはペリーの服装や表情まで克明に記されているが、ペリー上陸を目撃した人々がいかに強烈な印象をペリーに対して持ったのかが良く分かる。著者はペリーを威風凛々《りんりん》とした大国の使者と記しているが、ペリーは交渉に際して自らをりっぱな存在として見せつける必要があったのかもしれない。

また、ペリーの上陸後、祝砲が発射されたが、上陸する将兵を乗せてきたボートに据え付けられた大砲からも多くの祝砲が発射された。そのため、日本人は祝砲の発射を間近に見ることができたが、著者はアメリカの大砲が立て続けに砲弾を発射したことに驚きの声をあげている。著者の観察では、日本の大砲の十倍から二十倍の早さで大砲が発射されたとあり、ペリーはアメリカの軍事力についても強烈に印象づけることに成功したようである。

18

饗応

献立も詳しく紹介

【原　文】

今日、席へ通る日本方御役人、御儒者林大学頭、大目付兼町奉行井戸対馬守、浦賀御奉行応接掛り伊沢美作守、御目付鵜殿民部少輔、通辞森山栄之助（此人士格、次の間に据わりおり、御用の時出る）、右外の御役人方は北の詰所に席これあり。異人も席へ通る四人の外は南の詰所に席これあり。今日、重訳師ウリユムス奏書の箱二ツ持参仕り候。一書は昨丑六月持参仕り候同書二通の返答承るべく催促の書、今一通は其節口上にて申上げ候唐土往来の碇泊足留り場所として豆州八丈島沖無人島南ハダカ島開発一件の奏書なり。

右の二条の義、此後、四度の応接中に追々分り候間、これを略す。

今日、異人へ饗応献立、左の通り。

一、長熨斗　　敷紙三方

一、盃　　三ツ組台

一、銚子

一、吸物　　鯛の菱肉

一、干肴　　松前のするめ

一、中皿

一、猪口

一、吸物（スマシ）
花の千巻鯛・篠の大根・粉山椒

一、硯蓋
紅竹輪蒲鉾・伊達巻すし・鶴の羽盛・花形長芋・千切昆布・九年母・皮茸のせん

一、吸物
餡掛平目・冬花せん

一、丼（ふた煎）
車海老・押銀杏・生松露・目打白魚・しのうと

一、大平
寄串子・白魚小菊・生椎茸・細引人参・火取大根・寄山椒

一、鉢肴
花菜・自然生の大和煮・土筆のからし漬・酢取生姜・鯛筏・鯛身二色・風干ふく

一、茶碗
鴨大身・竹の子・みょふが

一、差身
平目生作・めじ大作・生海苔・鯛の小川巻・若紫草・花山葵

一、猪口
土佐醤油・煮酒・からし

一、膾
鮑さら作・糸赤貝・白髪大根・栗・漬椎茸・しょうふが・葉付金柑

一、汁
菜摘入・布袋しめし・千鳥牛蒡・二葉の菜・花うど

一、香物

なら漬瓜・味噌漬蕪・篠巻菜・房山椒・
花智者

一、煮物
六ツ花子・煮抜豆腐・花菜

二膳

一、蓋
小金洗鯛・寄海老・白髪長芋・揃ひ三
ツ葉

一、猪口
花海蔦・鴨麩

一、台引
大蒲鉾

一、焼物
塩鯛

下部

一、吸物
吉野魚・玉の露

一、小皿
平目作身・花生姜

一、盃

一、銚子

一、菓子
渡り五寸・巾三寸
阿留餅長六寸

右菓子の物は惣一同へ下され候。

【意　訳】

今日、日米会談に臨んだのは林大学頭《だいがくのかみ》・井戸対馬守《つしまのかみ》・伊沢美作守《いざわみまさかのかみ》・鵜殿民部少輔《うどのみんぶしょうゆう》・森山栄之助です。このほかの役人は北側の詰め所に控えていたそうです。外国人も先の四人のほかは南側の詰め所に席が用意されました。また、今日、通訳のウィリアムズは日本側に渡すべき文書が入った箱二つを持参しました。この中には昨年ペリーが持参した国書の返書を求めることが記された文書、八丈島沖の無人島を外国人の寄港地として認可してほしいことを記した文書が入っています。
十日の会談終了後、日本側は昼食を用意しました。その饗応《きょうおう》の献立は以下の通りです。

（献立は省略、原文参照）

ペリー艦隊の船を描いた瓦版（横浜開港資料館蔵）

【解　説】

二月十日の「亜墨理駕船渡来日記」には会談の様子も記されたが、内容についてはいくつかの間違いがある。

たとえば、著者は応接所に入ったアメリカ側の人数を四人としているが、実際にはペリー、参謀長アダムス、通訳のウィリアムズとポートマン、秘書のペリー（ペリーの息子）の五人であった。

また、日本側で交渉にあたった人物にも儒者の松崎満太郎が抜けている。交渉の場にいなかった著者には分からない情報については少々不正確な記述が見られるようである。

また、日記には、ペリー側から日本側に渡された文書の内容が記されているが、これについても正しい情報が記されていない。この日、ペリー側から渡された文書については幕府の公式記録に記述があり、次の四通であったことが分かっている。

すなわち、（一）交渉場所を横浜村にすることや談判終了まで江戸を訪れることを延期することを記した書簡、（二）日米条約締結の必要性を記した覚書、（三）難破船乗組員に

日米会談終了後の昼食会の光景（横浜開港資料館蔵）

対する扱いの改善やアメリカ船への食料・水の供給を求める覚書、(四) 日米条約草案である。こうした情報は幕府の機密であり、一般の人には入手できなかったと思われる。

また、日米会談終了後、幕府が昼食を用意したことは良く知られているが、日記には、この時の献立が詳しく掲載された。日記以外にも献立を記した記録は多くあり、献立情報はさまざまな形で広がっていったと思われる。

19 行列

整然と退去し驚く

【原　文】

さて右の通り御料理下され初応接の儀、願書承り置き同然の儀に候得ば異論これなく相済み、尚又数多の異人元の通りに玄関前に立ち並び候。楽人も同断。日本御役人退出の時に玄関の敷台より片足下し遊ばされ候へば楽人笛を奏し太鼓をドロドロドロドロドロと鳴らす。左右の異人一度に鉄砲を下げ候。右の通り三頭程、日本御役人退出これあり候得ば、其跡に引続き異人の使節、副使・同副使・重訳師と次第に退出仕り候。海岸にて舟に乗り候節も前後左右行列を散乱せず。尤も指図役左右に眼張り居り申し候。尤も日本東都抔にて諸侯方登城・下城の折柄、先を争ひ肩臂を張り突き倒しても追い抜けて先へ立たんとするに引きくらべ候へば雲泥の相違これあり。尚又、異人行列を正し鉄砲を持ちたる前を日本の役人・同心の族にても通り候へば鉄砲を下げ礼を施し、又、行列の中を横切り仕り候へば身を片寄せ候て其人を通し申し候。日本の如く供先を切ったの行列を横切りしたのと申し候て整正の行列中に別に他人の是非を論ずると決してこれなし。只、其身の正しからん事をのみ心掛け居り候。

【意　訳】

このような料理がペリー一行に出された後、上陸した時と同様、応接所の玄関前にペリー艦隊の将兵が整列しました。楽隊も同様に並びました。幕府の役人（会談に臨んだ人々）が玄関の敷台から足をおろすと同時に、楽隊が笛・太鼓を鳴らしました。また、左右の兵は鉄砲を下におろしました。さらに、日本の役人が退出した後、ペリー、アダムスの順に出てきました。ペリーがボートに乗る際も艦隊の将兵は列を乱すことはありませんでした。これは、指揮する将校が命令を出していたからだと思われます。日本の武士は、江戸城への登城と下城の際に先を争い、肩肘を張り、相手を突き倒してでも先に行こうとするようですが、アメリカ将兵とくらべると雲泥の差があります。また、ペリー艦隊の兵士は、日本の下級武士である同心が前を通っても鉄砲を下げて礼を尽くします。さらに、行列の真中を日本人が横切っても、その人を通してくれます。日本のように供先《ともさき》を横切ったことを無礼だというようなことを論じることもありません。ただ、自分が正しいことだけを心がけているようです。

整然と行進するペリー艦隊乗組員（横浜開港資料館蔵「黒船絵巻」から）

【解　説】

二月十日の会談は、最後に昼食が用意されて終ったが、「亜墨理駕船渡来日記」には献立（前述）が収録され、出された料理の材料が記されている。これまでに料理の献立はいくつかの資料に収録されてきたが、それらを比較してみるとそれぞれの献立に違いがある。今となってはどの献立が正しいものなのかを知ることはできない。また、日記に収録された料理の材料についても、当て字や誤記などがあるようで、現在、すべての材料を確定することは大変難しい。

しかし、いくつかの料理については、その概略を知ることができそうである。たとえば、膾《なます》と記された料理の材料には、鮑《あわび》と赤貝が使われているから、この膾は魚介類を使った「二色鱠」と思われる。また、その隣の行には牛蒡《ごぼう》やうどの汁物、奈良漬や蕪の味噌漬けなどの漬物がある。さらに、煮物としては「六ツ花子」がみられ、魚のムツの卵を豆腐と一緒に炊き合わせたものが出されたようである。このほか、焼き物として塩鯛があり、現在の結婚式などで出される鯛の塩焼きが供されている。はたして、ペリーが鯛の塩焼きを船に持って帰ったのかについては、分からないが興味深い記述である。

また、料理は江戸日本橋の料理屋百川が作ったと伝えられているが、一説には浦賀（横須賀市）の料理屋であった岩井屋が料

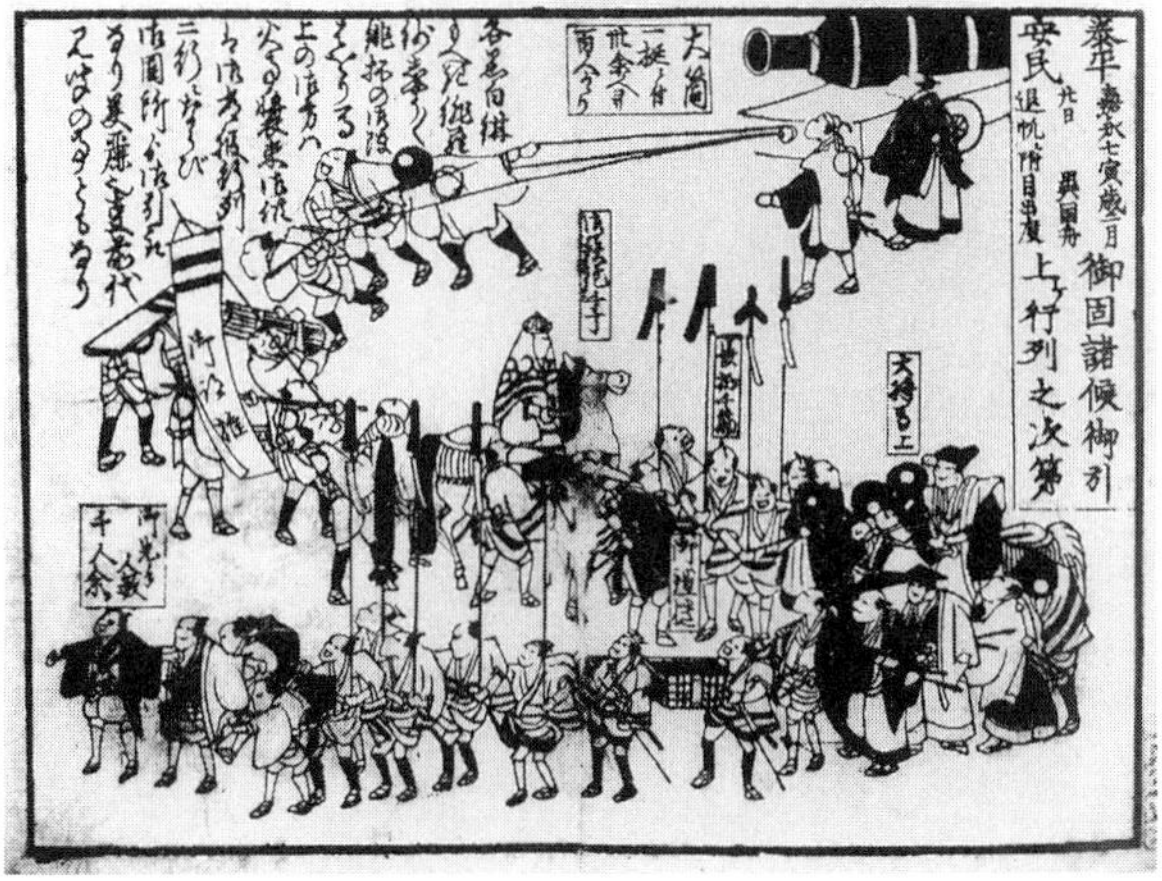

日本側警備陣の様子を描いた瓦版
（横浜開港資料館蔵）

理を担当したともいわれている。この点については、今後、確かな資料が出てくることを期待するしかない。

ところで、「亜墨理駕船渡来日記」には、宴会が終了した後のペリー艦隊将兵の様子が詳しく記されている。興味深い点は、将兵が整然と退去する様子に驚いていることで、行列の前を横切る人がいてもアメリカ人は道を譲ったと記している。日本の武士ならば「供先」(行列の先頭)を切ったと大騒ぎになると記しているから、著者は日米の習慣の違いにも興味を持ったようである。

20 葬儀 増徳院まで楽隊も

【原　文】

一、十一日、今日、異人の葬式これあり候。横浜沖南より北へ六番目に碇泊致し居り候フレカットの蒸気船、船の名はミスシスシッピーと申し、船主役はセスフアンデンストウと申す由。副使アータムス、此の船に乗り居り申し候。右の船に於て、当月四日頃、海軍の役人一人相果て候趣の処、初応接も相済み、昨日願い済みの上にて葬地御免これあり。真言宗にて増徳院と申す寺院内に埋葬仕り候。其次第、左の通り。小舟三艘にて村内字谷戸と申す処まで乗着、鉄砲方・楽人方、船より先達上陸す。舟中にて棺を揭げんと陸にてハヤシ方、笛・太鼓を鳴らす。途中の次第、一番に鉄砲二人、次三人、次二人、都合七挺。笛一人、太鼓一人、塔婆持二人、僧に似たる衣を着する者一人、棺持四人、手代十人、別に亡者の兄弟、上官名はペイマと申す者一人、都合廿七人。路地の案内として浦賀奉行組与力合原操蔵、先に立ち異人路々楽拍子仕り真田侯の御馬屋の近辺へ参り候処、数多の馬、異人異風の異楽に聞き恐れ候にや嘶き踊りて休まず候へば異人も胆消し暫時鳴を止め、此処を行過ぎ又々ハヤシ仕り葬処に参り、扨、僧衣の異人仏経に似たる祭文を唱へ半分も土を掛け埋み候節、鉄砲方一人ハッと申して手を片方揚げ候へば残り六人の鉄砲方一度に葬穴の中へ鉄砲を打込み申し候。三廻其の筒音一響にして一挺の鉄砲を放つ如く少しも声に遅速これなし。それより埋葬終り候て帰る路々も初めの如くハヤシ仕り候。ただし真田侯の馬屋の処は休め行過ぎ初め候。右の通り葬終り帰船す。今日、穴掘より埋め候まで異人相勤め申し候。穴掘道具持参。異人を葬る棺の図、左の通り。唐草の打敷にて。（図略）

【意　訳】

一、十一日にペリー艦隊の乗組員の葬式がありました。横浜村の沖に停泊する蒸気船ミシシッピ号に乗船していた水兵の葬式です。水兵が亡くなったのは今月四日で、初会談の時にペリーから日本に埋葬したいとの要望があり、横浜村の寺院である真言宗増徳院に葬ることになりました。葬儀は、三艘の小船が横浜村の谷戸と呼ばれている所に到着したことから始まりました。棺が到着するに際しては、楽隊が笛・太鼓を鳴らしました。葬儀の行列は、先頭に鉄砲を持った兵士が三列七人、次いで笛一人、太鼓一人、塔婆持ち二人と続きました。その後に日本の僧侶に似た衣を着た人一人、棺を持つ人四人、このほか亡くなった水兵の兄弟や上官など、総勢二十七人でした。道案内として浦賀奉行所の与力である合原操蔵が付き添いました。行列は葬送の音楽を演奏しながら松代藩の厩《うまや》の近くを通りましたが、多くの馬が聞きなれない音楽に驚いていなきました。馬が驚いていることを知った楽隊は一時演奏を中止しました。こうして増徳院に到着した一行は、僧侶に似た衣を着た人がお経に似た祭文を唱える中、水兵を埋葬しました。この時、鉄砲を持った一人が片手を挙げ、残りの六人が鉄砲を撃ちました。発射三回、六挺で撃ちながら、砲声は一挺で撃ったかのようでした。埋葬後、行列は海岸まで戻りましたが、楽隊は再び演奏を始めました。また、葬儀はすべて外国人の手によっておこなわれ、穴掘りの道具なども持参しました。

乗組員の葬儀を描いた絵（横浜開港資料館蔵「米国使節彼理提督来朝図絵」から）

【解　説】

二月十日の日米交渉の席上、ペリーは乗組員一人が病死したので夏島（現在の横須賀市の北東端に位置した島。昭和初年に周囲が埋め立てられた）に埋葬させてほしいと要求した。これに対し、日本側は浦賀の燈明台《とうみょうだい》下の土地を提供すると回答した。しかし、ペリーは横浜から離れすぎていることで難色を示し、最終的に林大学頭《だいがくのかみ》が横浜村への埋葬を許可することになった。

この結果、二月十一日に病没した水兵の埋葬がおこなわれることになり、日本側から浦賀奉行所の黒川嘉兵衛らがミシシッピ号に出向くことになった。水兵の遺骸がミシシッピ号から運び出されたのは午後五時ごろのことで、宣教師ジョーンズや通訳ウィリアムズおよび水兵二十余人に守られた遺骸は横浜村に上陸した。

「亜墨理駕船渡来日記」は、この時の様子を詳細に記録した。また、この日に埋葬がおこなわれることは触書で広く一般に伝えられ、江戸をはじめとする各地から見物人が押しかけたといわれている。おそらく日記の筆者も見物に出かけ、埋葬の様子を記録したと思われる。

亡くなった水兵はロバート・ウィリアムズで、享年二十四歳であった。また、埋葬地は横浜村の増徳院境内であったが、その後、伊豆の下田玉泉寺に改葬された。埋葬地にはペリー側が用意した石碑が建てられていたが、現在、石碑は残っていない。「亜墨理駕船渡来日記」には葬儀に際して随行した水兵が空砲を撃ったことや、宣教師が祈りをささげたことが記され、外国人の葬儀に強い興味を持ったことをうかがうことができる。

21

観察 西洋の犬に好奇心

【原 文】

一、十二日、御触書、左の通り。

異国船滞留中、漁業等は平常の通り相心得、尤、異国船近所へ近寄り申す間敷候事。

右の通り御書付出候間、其意を得、漁師並に積荷船渡世の者等、異船近く乗り寄せ候稼ぎこれなく候様厳重に取締方致すべく候。此廻状早々巡達、留村より相返すべく候。以上。

二月十一日

斎藤嘉兵衛手付

田中鍵之助

杉浦武助

品川より杉田迄

右村役人中

異人、今日、犬を曳き来る。日本の犬よりも形甚だ小にて狐の形に同じ。毛色薄赤にして彼国には日本の如く黒白等の斑犬はこれなく由。韃靼の出鼻、樺太の辺の犬を見るに皆此犬に同じ。彼地滞留中終に黒白の斑犬を見ず。彼国にては雪中にソリと申す物に乗り、犬何匹にも曳かせ往来する者これあるを見る。北亜美理駕抔も右同断事これある由。又、日本の大犬群集の中を通り候へ共、双方食合い仕らず候。

【意 訳】

一、十二日、幕府代官の斉藤嘉兵衛から触書《ふれがき》が村々に通達されました。内容は、異国船が停泊している間も漁業などを平常通りおこなっても良いというものでしたが、異国船には近寄ってはならないと記されていました。また、この触書は品川から杉田（横浜市磯子区）までの海岸沿いに通達されました。今日、外国人が犬を連れて上陸しました。この犬は日本の犬よりも大変小さく、狐のようでした。毛は薄い赤で、日本の犬に多く見られるような黒白の斑点はありません。艦隊停泊中に、斑点のある犬を見ることはありませんでしたから、今回の犬が外国では普通なのかもしれません。また、外国では雪が降った際、ソリというものを犬に引かせることもあるということです。今回、外国の犬は、日本の犬が多くいる場所を通りましたが、双方が噛み付き合うことはありませんでした。

【解　説】

二月十日の第一回の日米会談が終わってから、幕府への贈り物の贈呈式がおこなわれた十五日までの間、大きな事件はなかった。しかし、この間、幕府が警備を強化する一方で、日本の人々はペリー艦隊への好奇心を一層強めたようである。日記には、この間の様子が詳細に記録されている。

江戸日本橋の魚市の光景。東京湾で捕れた魚は日本橋の魚市に送られた。こうした魚を捕るために海に出ていた人々の中にはペリー艦隊乗組員と接触した人もいた（横浜開港資料館蔵「江戸名所図会」から）

その最初の記述は、幕府代官の斉藤嘉兵衛が漁民たちに出した命令（触書）である。この命令は、代官所の役人であった二人の人物（田中鍵之助・杉浦武助）によって漁民たちに伝えられた。内容は黒船騒ぎの最中でも平常通りに漁業をおこなって

磯子村（横浜市磯子区）の漁民が描いたミシシッピ号。漁民たちは間近にペリー艦隊を眺めることができた（堤真和氏蔵）

も良いというもので、艦隊の船には近づくことが禁止されていたが、警備陣以外の一般の人々が江戸湾に船を繰り出すことを認めたものであった。

この命令は現在の東京都港区から横浜市磯子区にかけての漁村に伝えられた。江戸湾で捕れる魚は江戸の人々の貴重なタンパク源であり、いかなる事態が発生しても長期間にわたって漁業を停止することはできなかった。これが、こうした命令が出された背景にあったと思われる。また、廻船業に携わる人々も通常通り仕事をして良いとあり、人々は仕事の合間に遠くペリー艦隊を望み、これが人々の好奇心を一層強めた。

一方、横浜村では十二日に外国人が犬を連れてきたようである。日記には上陸時の様子が詳しく記され、著者は具体的に日本犬と外国犬を比較している。この時、上陸した犬は小形犬で、キツネと同じくらいの大きさであった。毛色は薄い赤であり、日本の犬のようにまだらの毛にはなっていないと記している。

著者は犬の飼い方にも言及し、外国では犬を使ってソリを引くことがあると記している。どうということもない記述ではあるが、村人がペリー艦隊の来航をきっかけに西洋の文物に強い好奇心を持つようになったことをうかがうことができる。

こうした記事は公的な記録には決して残されるものではなく、戦端が開かれることがないと思い始めた人々が、ペリー一行を冷静に観察し始めたことを伝える貴重な記録である。

22

命令書　万一の覚悟求める

【原　文】

一、十三日、今夕九ツ時分、江戸御屋敷より真田侯陣中へ飛脚到来。御公儀よりの御触、左の通り。

亜墨理駕船渡来に付、心得方の儀は去る丑の十一月、重き上意の趣仰せ出しこれある儀に付、諸向共に聊か油断はこれあるまじく候処、この節、数艘近海へ碇泊致し候に付いては、この上、応接の模様により万一彼より兵端を開き候儀これなくとは申しがたく、その節、一同奮発致し候儀は申すまでもこれなき事に候得共、異船滞留中、御備え向きの儀は外見のみに拘り、夜中、海岸に提灯等数多付け置き候向きもこれある趣に相聞え、疲弊も少なからずに付、固め人数差出候面々、番小屋等の要所は格別、其外は要害の土地を見計らい山陰・木陰等に屯致し置き、なるべく外より見えず様に相心得、行列を正し昼夜時々海岸を見廻り申すべし。且又、宿駅人馬遣い方の儀もなるべくは勘弁致し相減じ候様致すべく候。尤も面々屋敷々々に手勢用意致し置き候分も右に準じ外見の虚飾は一切相止め、士卒の鋭気を養い候様取鎮め居り、大小の筒配り方の儀は勿論、剣槍手詰の接戦専一に心掛ける様精々厚く申し付くべく候。

但し、大艦を始め諸般の御備え向き相整い候上は猶改めて仰せ出しの儀もこれあるべく候得共、方今指し向きの場合を以って、右の通り仰せ出され候事に付、面々必死の覚悟を尽くし、実用の工夫致すべく候。尤もいよいよ彼より兵端を開き候節に至りては小舟を以って迅速の勝負に及ぶべく儀これあるべく候

二月

右の通りの御触、諸侯方へ相廻り、尚又、来る十五日は二度目の応接これある由、夷華の勝敗、この一挙にこれある様に思われ安心もなかりけり。

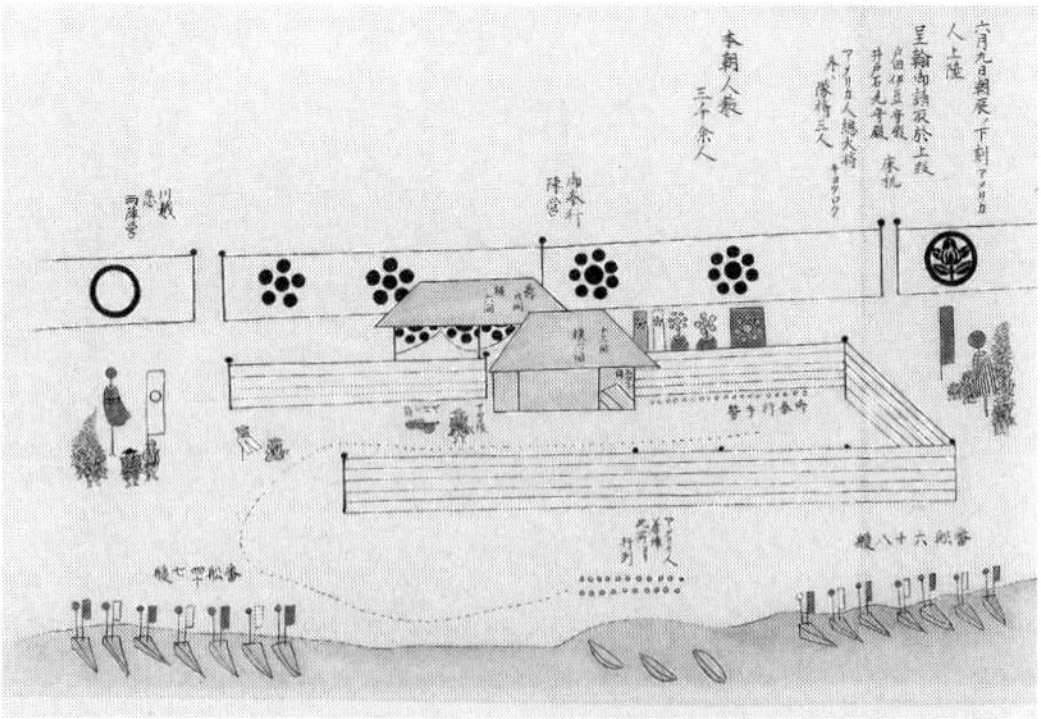

嘉永6年にペリーが来航した時の警備体制を描いた絵。海岸に幔幕（まんまく）が張られているが、翌年、横浜でも同様の警備が行われた（横浜開港資料館蔵「黒船絵巻」から）

【意　訳】

一、十三日の夜中に松代藩の江戸屋敷から同藩の警備陣へ飛脚が送られました。この飛脚は、幕府が諸藩に出した触書を持ってきました。触書には異国船停泊中の注意点が記され、特に、夜中に提灯《ちょうちん》などを海岸に多数置くことを止めるようにと記されていました。幕府は、警備に際しては「虚飾」を張らないように求めていましたから、提灯を付けることで厳重な警備をしているかのような雰囲気だけを出すことを禁止したと思われます。また、周辺の宿場や村々から馬や人をむやみに警備に動員することも禁止しました。

幕府が諸大名に求めたのは「虚飾」を張ることではなく、実質上の警備の強化であったようで、触書には大砲や鉄砲をきちんと配備し、剣や槍を使っての接戦の準備も怠りなくするようにと記されていました。また、アメリカ側から戦端を開く可能性もあるので、その際には小船を繰り出して迅速の勝負ができるようにとも記されていました。

【解　説】

明治三十一年（一八九八）八月二十五日に横浜貿易新聞に掲載された「亜墨理駕船渡来日記」では、幕府が警備にあたる諸藩に出した命令書が紹介された。

この命令書は真田（松代藩）の陣中に届けられ、日記には命令書を松代藩江戸藩邸から飛脚が届けたと記されている。

飛脚の到着は二月十三日のことで、真夜中のことであった。

命令の内容は警備体制に関するもので、万一、ペリー側から戦争を仕掛ける可能性も残っているので、その時には必死の覚悟で戦場に臨むことを求めたものであった。二月十日に日米会談が開かれ、警備にあたる武士たちにも安堵《あんど》の気持ちが生じたことを引き締めるために命令が出されたとも考えられる。

幕府の指示は具体的であり、提灯《ちょうちん》の出し方から鉄砲や大砲の配備方法まで定めている。

前述したように会談の開始後、庶民の間では戦争回避の雰囲気がしだいに広まっていき、ペリー艦隊に対しても恐怖心から好奇心へと気持ちが移っていった。

横浜で警備にあたる武士たち（横浜開港資料館蔵「ペリー艦隊日本遠征記」から）

しかし、警備にあたる武士たちは緊張感を持って対応することを求められ続けたようである。

もっとも、日米双方ともに戦争を避けたいと思っており、幸いなことに武士たちの努力は最終的に無駄に終わることになった。

また、日記に収録された命令書は、警備にあたった諸藩の古記録にも収録され、この命令が広く大名たちに伝えられたことが分かっている。はたして著者がどこから命令書を入手したのかについては分からないが、著者が松代藩の藩士と親しい関係にあったことをうかがわせる記述である。

23

天眼鏡 雨当て「神のよう」

【原　文】

今日、上陸の異人、天度を計る器に天眼鏡を仕込み持ち来り、日中に星を写し、且つ晴雨を考え候。其節の噺に来る十五日、応接に候得共、右の日は朝五ツ頃より雨降り候由申す。其節は誰も敢えて心に留める者もこれなく候得共、其後十五日五ツ時分より雨天になり申し候。先日八日にも来る十日は天気快晴と申し候が実に十日は晴天。三日も先に天の晴雨を知る事、神の如し。天眼鏡を仕込の程、極線の図は裏に記し申し候。其外子午針の日影に随い廻る者を持ち来る。長崎表へ蘭人の持ち来たらざる品、種々この度の異人は持ち来る（図略）。

一、十四日、今日、異人小艇に乗り、大師河原池上新田、字は水押防と申す処へ参り、海辺の杭に落書仕り候（落書図略）。右の通り廿八字杭をけづり彫付けたるごとくに書付申し候。この文字、さる人、江戸より来り、随分立派の士、物知り顔に読み申し候。異人の情にあらず取るに足らざる儀に候得共、ヘロリケウデヒトツキニアイナリソウロウアイダ、ソウソウキハンイタシタクモウイヤダ。右の通りの由に読むと申し候得共、何の理を以って、右の如くに読み候や一切分り申さず。尚又、文字一切相当たらず。又、ケウデと申すは何の事や分らず。日本の言語に翻訳しては何の事やらん。定めてこの馬鹿者の心にては今日の事なるべし。今日は日本にてはキヤウと直音に申し拗音にはワを入れ申し候。又、ケウデデと蘭字に濁る字ありや知らず。尚又あいなり候間の、又モウイヤダのと申す言語これあり候や知らず。己が愚かなる心を以って婦女子を迷わす大罪人。其後、金沢峠、能見堂にて又文字を写し、往来の人に見せ講釈いたす僧を見たり。日本の神国に生まれ古代の文字も言語の法も知らず猿かな。明十五日夜、異国人、月見の歌の前書を見ても恥入るべし。

落書きの意味が分かると往来の人々に自慢した僧侶がいたと伝えられる能見堂。この地は金沢八景を一望できるところであり多くの観光客が訪れた（横浜開港資料館蔵「江戸名所図会」から）

【意　訳】

今日、再び外国人が横浜村へ上陸しましたが、彼らは空を観察する「天眼鏡」を持参しました。「天眼鏡」は日中に星を観察し、天候を予測する器具です。この時の話では十五日に朝から雨が降るということでしたが、実際に十五日に雨が降りました。外国人は八日にも十日の天候を予測しましたが、これも当たりました。三日も先の晴雨を知ることができるのですから、外国人は神のようです。こうした器具は長崎のオランダ人も持ってきたことはなく、ペリー一行が初めて持って来ました。

一、十四日に外国人がボートに乗り、池上新田の水押防という所にやって来ました。彼らは海岸の杭に落書きをしました。文字数は二十八字、杭を削って文字を彫ったということです。江戸からやって来た人が、この文字を見て「ペリーは今日で一カ月も滞在し、そろそろ帰国したい」という意味であると言ったそうです。しかし、この人物に英語が分かるはずもなく、人々を迷わすバカ者、大罪人であることは間違いありません。また、その後、金沢の能見堂という所でも、この文字の意味が分かると往来の人々に講釈していた僧を見ましたが、こうした愚か者が出てくることは困ったものです。

【解　説】

　ペリー艦隊の来航によって、村人たちは西洋の文物を目のあたりにすることになった。「亜墨理駕船渡来日記」は二月十三日にペリー艦隊乗組員が横浜村に上陸したと記しているが、この時、彼らは村人の目の前で天体観察をおこなった。彼らは、観測後、数日後の天気を予想し、著者は予想が見事に的中したことに驚きの声をあげている。

　はたして、この時、どのような天体観察がおこなわれたのかについては分かっていない。また、近代的な天気予報の技術が確立されるのはまだまだ先のことであり、ペリー艦隊乗組員といえども確かな予報ができたとも思われない。しかし、ペリー艦隊では六文儀や天体運行儀などが使われていたから、こうした器具を使って横浜村でなんらかの観測がおこなわれたと考えられる。また、その時、乗組員が日本人に対し、なんらかの天気予報をおこなったと思われる。

　この時、乗組員は二月十五日に雨が降ると話し、事実、十五日は雨天であったことが他の古記録によって確認されている。一方、こうした交流が進められ、外国人に対する好奇心が強まるに伴い、さまざまな噂話が広まっていったようである。日記は、ペリー艦隊乗組員が池上新田（現在、川崎市川崎区）の海岸に残した落書きの意味が分かると嘘の噂を流した人物がいたことを紹介している。

この人物は落書きに「ペリーは里心がつき、アメリカに早く帰りたいと思っている」と記されていると話したようである。しかし、著者は、この人物がうさんくさいと述べ、人々を迷わす大罪人であると酷評している。おそらく、ペリー艦隊が停泊している間、嘘も含めてさまざまな風評が飛び交ったのであろう。

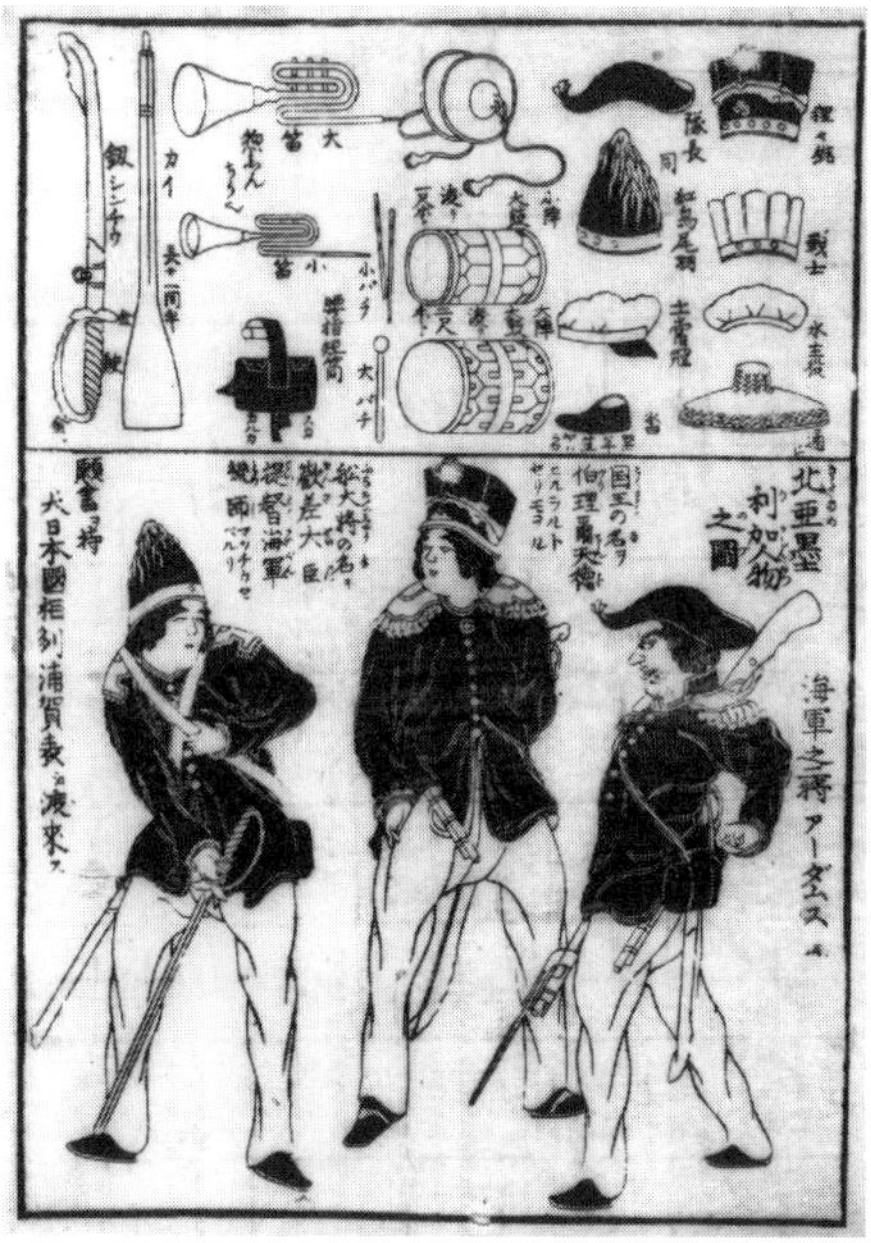

ペリー艦隊乗組員を描いた瓦版（横浜開港資料館蔵）

24

開港　下田と箱館　話題に

【原　文】

一、十五日、今日、二度目の応接。日本方出役、先日通り。異人上陸凡そ四百人計り。行列ハヤシ先日通り。異人席へ通る者、十日の通り。応接の聞書き。

一、亜美理駕国より唐土往来の節、難風に逢い日本の地へ漂流いたし海岸着船の節保護いたし人も積荷も便宜を以って送り返すべき事。

一、亜美理駕船唐土往来の節、南海の中に碇泊場所として豆州無人島沖ハタカ島開発中、下田港において薪水交易の事。右船北海通行の節は奥州箱館港にて碇泊の事。尤も右二ヶ所の港、碇泊は一年一度、船二艘に限る事。

右の通り御免これあり。亜美理駕国と日本と信交の儀は望みに任せ遣わすべし。通商条約の儀は当時外に引合の向きもこれあり候間、見合わせ追って御沙汰これある由、右にて異人承服仕り近日の内、下田・箱館の両港、異船見置きのために出帆仕り候由、今日は異人献上物の内、手重き品は残らず水揚げ仕り候。

【意　訳】

一、十五日に二度目の日米交渉がありました。日本側の交渉役は一回目と同じメンバーです。今日も四百人ほどの外国人が上陸しました。ペリー側も交渉にあたったのは一回目と同じ人物です。交渉の内容については以下のような噂話が洩《も》れてきました。

一、アメリカから中国へ向かう船の中には難破するものもあり、こうした船の乗組員が日本へ漂着した時にはアメリカへ送還してほしいこと。

一、アメリカ船に薪《まき》や水を補給する港として下田を開いてほしいこと。また、北海道の箱館（函館）にもアメリカ船を入港させてほしいこと。これら港に入港する船は一年に一度、二艘までにすること。このような話し合いがおこなわれ、日本とアメリカ合衆国は国交を結ぶことになりました。ただし、貿易の開始については見合わせることになりました。これによって、近日の内に艦隊の船が下田と箱館の港を調査するために横浜を出発するということです。今日、ペリーが持参した贈り物が横浜村に陸揚げされました。

【解　説】

「亜墨理駕船渡来日記」には二月十五日に二度目の日米会談がおこなわれ、（一）アメリカ人漂流民を日本が保護すること、（二）アメリカ船に薪や水を補給する港として下田（静岡県）と箱館（北海道）を開港することが決まったと記されている。しかし、この記事には間違いが多い。まず、二度目の会談がおこなわれたのは二月十九日のことで、二月十五日というのは間違っている。また、漂流民の保護について幕府が書面でアメリカ側に伝えたのは二月十七日のことで、下田と箱館の開港が話題になったのは二月十九日の日米会談の席上であった。

このように間違った記述が日記に入ってしまった理由は分からないが、日記を編纂《へんさん》する過程で著

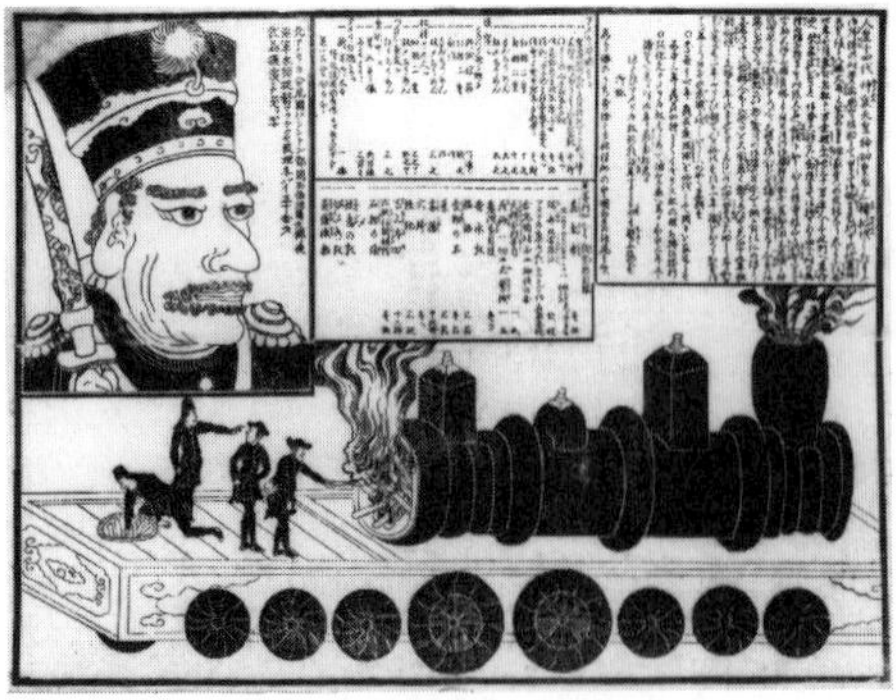

汽車の模型を描いた瓦版。汽車はペリーの贈り物の中でもっとも良く知られている（横浜開港資料館蔵）

者の記憶が違ってしまったのかもしれない。

日記には日本とアメリカが貿易することについては見合わせることになったと記されているが、幕府が貿易の拒否を伝えたのも二月十七日のことであった。従って、この記述についても間違っていたことになるが、日付の違いはあるものの内容については、ほぼ正しい情報が一般の人々にも伝えられていたことになる。また、十五日におこなわれた贈り物の陸揚げについては、実際の見聞にもとづいたためか正しい日付が記載されている。

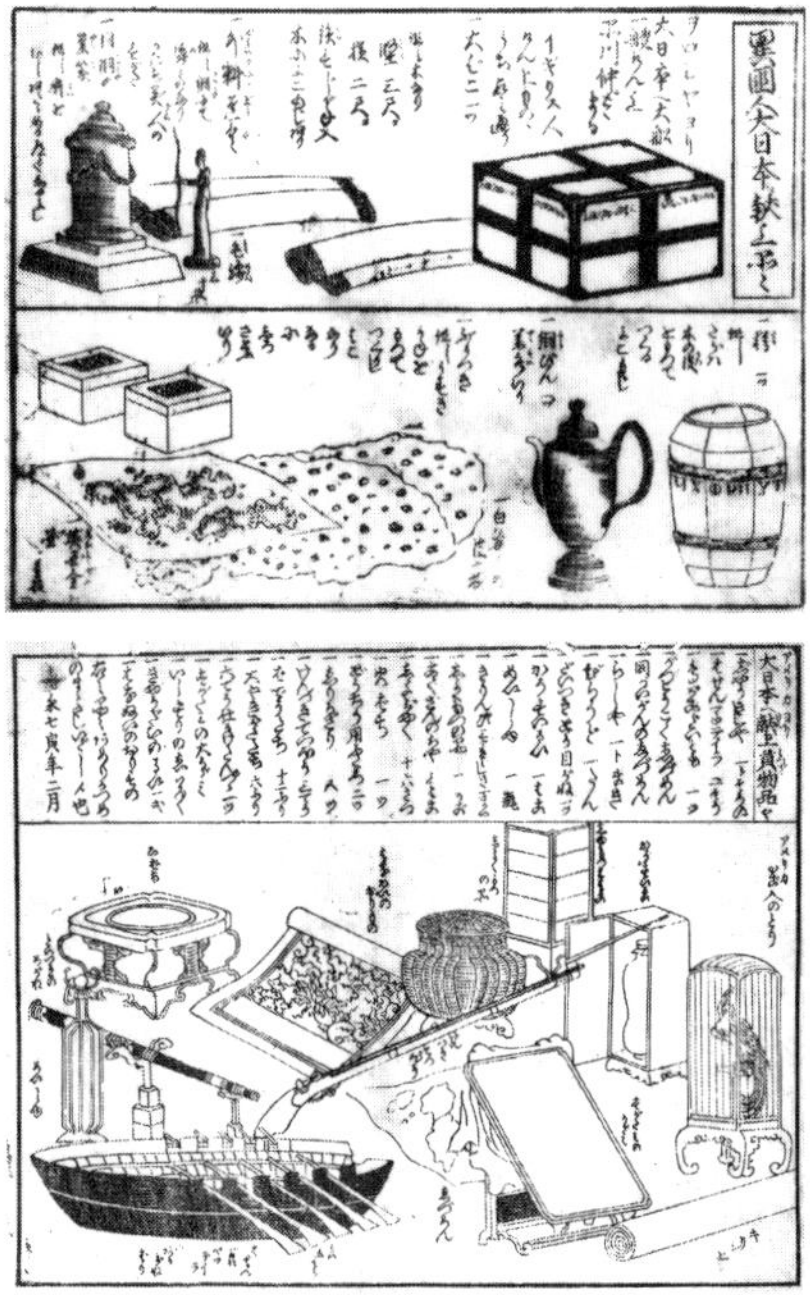

横浜村に陸揚げされたペリーの贈り物を描いた瓦版。「異国人」が「大日本」へ献上したと記されている（横浜開港資料館蔵）

25

贈り物

大量の農具に関心

【原　文】

蒸気小火輪車一組、今もって組立これなし。小艇三艘、蘭名はバッテエラ。白酒の樽、大小数多これあり。百姓の農具一切、其内、鎌四十挺計り。刃の渡り四尺計り。上辺に鐶元より刃先まで伸金にて仕掛けこれあり。五穀物、草など刈り候得は根本揃い、右の仕掛けの中に留り一束となり、尤も立ちながら両手にて遣うなり。二十間・三十間四方の草原を刈り取るには煙草呑む間に刈り取り候。鋤も都合よし（図あり略す）。火取りの十能に似て日本のよりは土を鋤くに利多し。唐鋤は尚々便利多し。日本にこれあり駕牛鋤の如くにして刃先の次に熊手に似たる物これあり。穿ち起す土を是にて場ならし致し、其次に左右へ出たる小鍬二挺これあり。是にてウネを切る。其上の処に箱一ツこれあり。南方へ樽の呑口に似たる物ありて水・肥料を右の二筋の穿畝へかける。又、左右へ種物を入れたる篩ありて種子を篩い落す。一番後に二筋の穿畝へ土蓋を掩い埋む仕掛けの熊手に似たる物これあり。土を掩い埋むる也。右の通り一度曳き候得は六度の仕業成就す。早業の農器もこれあり。又、刃物を砥ぐ砥石は図の如し。是に仕掛け候（図略）。日本の石臼を竪に致し、真木は大和轆轤の綿繰の如し。足にて踏むなり。又、他人手にて廻してもよし。下の箱に水を入れ置き、刃物を石に当て廻す。石水を上がる。その仕掛けにて刃物に刃付くなり。一名セイラツフとも申す由。其外、万石臼は籾を入れて磨り候得は籾殻・粉糠・小米と磨り分け、正味の米は白米になりて出る仕掛け。このほか、万石篩・万石箕・唐碓を始めとし一切ぜんまい仕掛けの物数多。白酒・紅酒は勿論、桜桃酒・三鞭酒・金桜酒、何れも落雁の菓子の如くに製し、箱入りにして来り、入用の節、水に入れて解き呑み候由。そのほかは二十六日、目録納めの処に一つ一つに名目記し申し候間これを略す。

ペリー来航を風刺した瓦版（横浜開港資料館蔵）

【意　訳】

蒸気機関車の模型一組、ボート三艘。白酒の樽《たる》は数え切れないほど。農具一式、なかには鎌《かま》が四十ばかりあり、刃渡りは百二十センチメートルほどもありました。五穀や草を刈る時に使用し、立ちながら両手で扱うようです。この鎌を使えば、広大な土地の草を刈る時も煙草《たばこ》を呑《の》んでいる間にできるとのことです。鋤《すき》も日本のものよりも便利が良さそうです。唐鋤はもっと使い勝手が良さそうでした。小さな鍬《くわ》も二つありました。また、樽の呑口《のみくち》のようなものが付いた箱があり、水や肥料を作物にまくための道具ということです。種をまくための篩《ふるい》もありました。くま手のような農具も見ました。そのほか、砥石《といし》もあり、足で踏んで動かすようになっていました。万石臼は籾殻《もみがら》や糠《ぬか》などを磨いて分け、白米が下から出てきます。アメリカの道具にはゼンマイ仕掛のようなものが多いように思われます。酒については、白酒・紅酒・桜桃酒・三鞭酒（シャンパン）・金桜酒など、どの酒も箱に入っていました。まだまだ、贈り物はたくさんありましたが、二十六日の記事に目録を載せる予定なので、ここでは略します。

【解　説】

「亜墨理駕船渡来日記」は、ペリーが持参した贈り物について具体的に記している。贈り物の贈呈式がおこなわれたのは二月十五日で、この日は朝から雨であった。贈り物は将軍や老中（幕府首脳）にあてたもので、かなりの量の品物が午前十一時ごろまでに陸揚げされた。アメリカ側の記録にはマセドニアン号の艦長であったアボットがペリー代行として横浜村に出向いたと記されている。

上陸したアボットは応接所の広間に贈り物を並べ、日本側全権が謝意を述べたようである。広間にどれほどの人が入れたのかは分からないが、どのような品物が贈られたのかについては多くの記録があり、贈り物に関する情報は広く伝えられたようである。日記の著者も贈り物に関心を持ったようで、かなりの字数で贈り物を紹介している。また、贈り物のリストについては、十五日の記述だけでは足りなかったようで、二十六日の項に詳細に掲載している。

ところで、現在、ペリーの贈り物としては汽車の模型や電信機が有名であるが、興味深

ペリーが幕府へ献上するために持参したさまざまな農具（横浜開港資料館蔵「黒船絵巻」から）

い点は日記の著者がアメリカの農具についても詳しく紹介していることである。はたして、ペリーが農具を持参した理由についてはわからない点が多いが、アメリカ側の記録にも農具が一番かさばったとあり、大量の農具が贈り物として持ち込まれたことは間違いない。

その種類も、日記に記されたものだけでも、鎌や鍬、肥料を散布するための道具、砥石や臼など数種類に達している。また、著者が農具に関心を持ったのは、著者の周りにいた農民たちが農具に強い関心を持ったことによるのかもしれない。

日記にはアメリカの農具に対する感想も記され、当時の人々の目にはアメリカの農具が実用的なものとして写ったようである。また、これらの農具が便利なものと記されているから、ペリーは、アメリカが農業国として高い技術力を持っていることを示すことに成功したといえそうである。

26

飲酒

村人相手に〝交流〟

【原　文】

一、荒川欽次郎知行所武州久良岐郡横浜村（名入）、煩いに付倅（名入）申上げたてまつり候。昨十五日、異人上陸の砌、私宅にて酒を給し候始末御尋ね御座候。この段、昨十五日は御応接御座候に付、村方より働き人足差し出し候処、父（名入）老年に及び御場所走り廻り候御用相勤め兼ね候に付、私儀名代として人足差し添え御場所へ罷り出相働きおり候処、異人上輩と見受け候者二人、下輩と見請け候者六人、村内家並に立入り候に付、御役人様一方、村役人一人付添い相守り参り

今日、応接中に異人多く村内を歩行仕り、家並に立入り婦女子などに戯れ、迷惑の家多し。その内、殊更に迷惑仕り候は当村東の某と申す家は随分豊饒にて本宅にては質を取り、又、金銀を融通し、表店は近来万荒物商売仕り候。当村年寄役人の家は今日は応接日に付、家の主人は右場所へ出勤いたし留守の処へ異人大勢入り来り酒を乞い呑みなど致し、その事に付、神奈川出張り奉行所迄呼び出され口上など差し出し迷惑仕り候。その始末、左の通り。

候処、私留守宅へ立入り候に付、家内の者打ち驚きて逃げ出し候得ば御付添いの御役人様より右様に立ち騒ぎ逃げ廻り候得ば興ある事に存じ、尚外々へ立ち廻り候間、鎮めおり候様仰せ諭され、漸々着座罷りあり候処、上輩の両人囲炉裏端へ上がり、所々見廻し土蔵の庇に酒の明樽これあるを見付け候にや、頻りに酒を出し候様、手振り致し候得共、家内の者一同当惑し座りおり候。御役人様より御諭しには、とても呑ませ申さず候ては立ち去り申すまじく候間、代銀の儀は我等より払い遣わし候に付、少々差し出し申すべく旨仰せられ、凡そ一合余りも燗徳利に入れ、盃・猪口を添えて差し出し候処、異人取り上げ候を御役人様注ぎ遣わされ候処、居合わせ候下女に注ぎくれ候様手振り致し候に付、御役人様の御差図に付、注ぎ遣わし候処、呑み終わり、右下女の肩へ手をかけ戯れ候に付、打ち驚き右下女逃げ去り候得ば打ち笑い、そのままに立ち出ずべく様子の処、跡より御役人様一方御越しなられ、酒一盃呑み、異人引き連れ御帰り遊ばされ候。まず付添いの御役人様、村内永々御付添い御心配の由。暫時御休息遊ばされながら徳利に一合余りも呑み遊ばされ、それより雪隠へ御入り御帰りの処へ真田様御役人方場所より御帰り色々御噺これあり、御帰り相なり候。

嘉永七年二月十六日

【意　訳】

今日、多数の乗組員が横浜村を歩き回りました。なかには家の中まで入り、女性や子供に戯れる者もあり、迷惑した家も多いようです。特に、迷惑したのは村の東に住む裕福な家で、農業の傍ら荒物を商う家でした。この日、家の主人は応接所がある場所へ出向いていましたが、その留守に外国人が多数押しかけました。彼らは酒を出すことを求め騒いだようです。浦賀奉行所の役人が、当人たちから事情を聞き取りましたが、その時、村人から次の口上書が提出されました。

一、横浜村の住民から報告します。昨日、外国人が上陸し、私の家で飲酒しました。

私は、外国人が上陸し、「人足」が必要とのことでしたので、村人を連れて外国人の上陸地点に出向いていました。その時、将校らしき人物二名、水兵らしき人物六名が私の家にやって来たということです。家の者は驚いて逃げ出しました。しかし、外国人に付き添っていた奉行所の役人が、騒ぎ立てるとかえって面白がって他の家にも立入ることになるかもしれないと言いました。そのため、家の者は座敷に戻りました。すると、将校らしき人物が土蔵の庇《ひさし》の下に酒の空き樽が置いてあるのを見付け、手振で酒を要求しました。奉行所の役人は、飲ませないわけにはいかないので、代金は後から払ってやるとおっしゃいました。そこで家の者は一合徳利《どっくり》に酒を入れ、盃《さかずき》と猪口《ちょこ》を添えて出してやりました。役人が徳利から酒を注いでやろうとすると、外国人は下女に注ぐように求めました。飲み終わってから外国人は下女の肩に手をかけました。下女は驚き逃げましたが、外国人は笑い声をあげました。その後、外国人はいったん帰りましたが、再び、日本の役人と一緒にやって来て、最終的には一合以上の酒を飲み、便所を借りて帰っていきました。

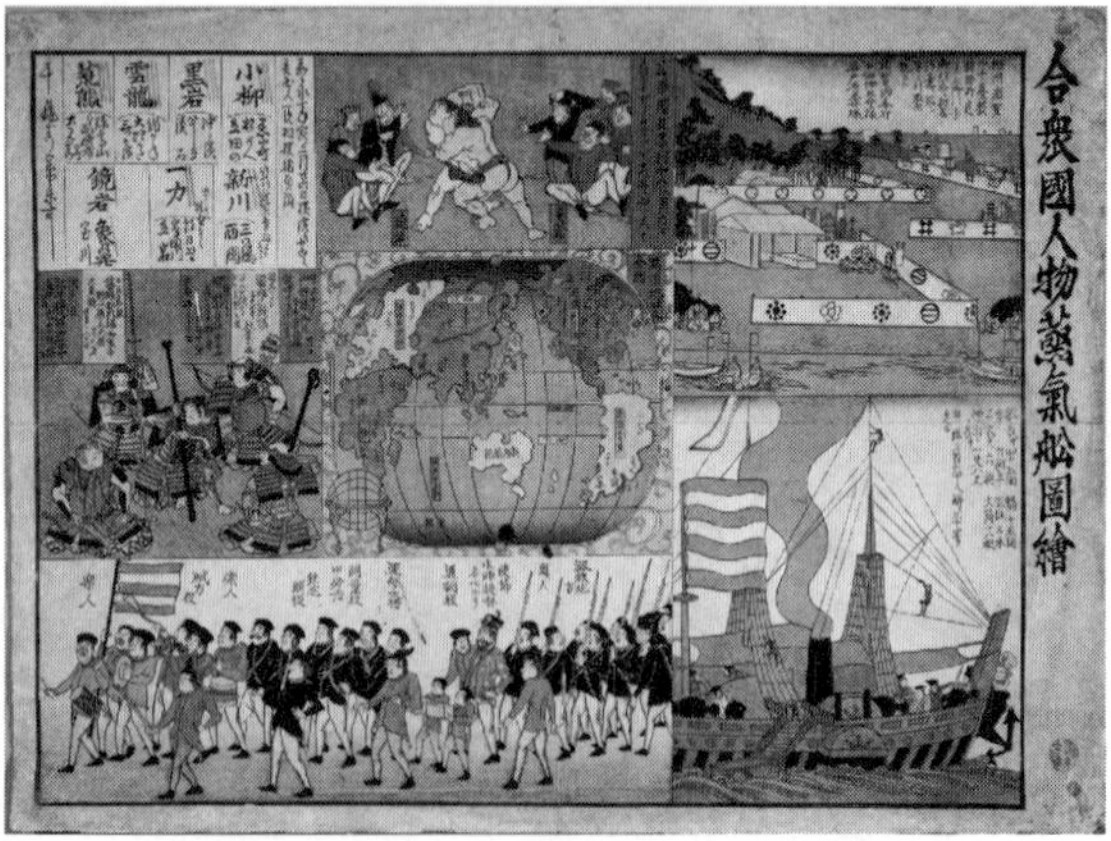

ペリー来航の様子を描いた瓦版（横浜開港資料館蔵）

ペリー艦隊の随行画家が描いた横浜村の光景。横浜村の寺院と注記がある(横浜開港資料館蔵「ペリー艦隊日本遠征記」から)

【解説】

二月十五日の「亜墨理駕船渡来日記」には、贈り物の贈呈式のために横浜村に上陸した将兵が農家に立ち寄り、酒樽《さかだる》に入っていた酒を出すことを要求したと記されている。

この事件に関する記述は詳細であり、乗組員は下女を相手に一合以上の酒を飲んだようである。日米会談の間に、乗組員と村人との交流がしだいに深まったことをうかがうことができるが、この日の記述はほかの資料に見られないものであり貴重なものである。

27

噂話 ペリー和歌を詠む

【原　文】

右の通りの始末書差し出し無事に相済み申し候。今日、異人右酒を呑み候序にて剣を抜き遣い申し候。凡そ異人の剣と名づけ候も表の鞘作り計りにて中の身は刀なり。薄身作りにして青紫の間色に砥ぎ、処々阿蘭陀の字、又は唐草の類を沈朱に彫り付け候。尚又、右の剣を左右へ曲げ候得ば自由に曲がり、直ちに手を放せば伸び申し候。是をかの国にては自慢仕り候様子。今日の噺にあらず候得共、ある時、異人石に剣を横に掛け、その上へ腰を掛け候得ば、その剣、鞘と一様に曲がりたるを見る。又、少年の異人、剣の先にて小石雑じりの土を掘り穿つを見る。然るに刃先に損じなし。鈍刀か吹毛か知らず。今日は先達十三日に上陸の異人の申し候通り五ツ時より雨降り候。異人上輩の者、傘をさして来る（図略）。骨の数は十本に足らず。羽二重の絹に似たる物にて張り水獣の膏を引き候よし。甚だ骨少なく風雅なる物なり。畳み納むる時は懐中仕るべく候程になり候。細工の手間も少なく面白き製なり。念入りに一本仕立置き候得ば其人一代もこれある由。朝鮮人なども傘は念入りに仕り候。

今夕、雨も少し晴れ、隅ある雲の端に月の出たるを見る異人船の上に和歌を詠ず

日の本の東の宮古を志して使にまかりし頃、武蔵の国、横浜の浦という処に船々碇を下して日数ふるままに、おのおの旅の労れを慰めんとて船の上に集いて酒呑み遊び、日も暮れる月のいと面白く差し出たればば戯れにその図のしらべを歌う

むさしの海さし出る月はあまとうや、かり
ほるにやに残る影さも　　彼理

右の通り前書と歌とをある役人より書き送り、予に見せぬ。その時は半信半疑にて異人にして和歌を詠じ候とは合点の行かぬ事なり。是は定めて好事者の偽作と思い、敢えて記中へも入れず過ぎぬ。然るに金沢に遊びて

異人の画く処、使節ペルリかの地伽理科爾亜出帆の時、女房なる者、雅子を連れ見送り来り、カリホルニアの下荘に於いて離別の図を見たり。又、浦賀にてこの歌を異人直筆に書きたるを見、初めて疑念晴れ候。

【意　訳】

以上の通り口上書も無事に提出されました。今日、外国人が酒を飲んだついでに剣を抜いて見せてくれました。剣といっても両刃のものではなく片刃のものです。刀身は薄く青紫に砥《と》いであり、所々にオランダ文字や唐草模様が朱漆で彫りつけてありました。また、この剣を曲げると自由に曲がり、手を放すと元の通りに伸びました。外国人は剣を自慢しているようでした。今日の出来事ではありませんが、外国人が石と石の間に剣を渡し、その上に腰掛けたことがありました。その時、剣は鞘《さや》と一緒に曲がったところを見ました。また、外国人の少年が剣の先で小石交じりの土を掘り返しているところを見たことがあります。その時、剣先はまったく傷みませんでした。

今日は十三日に外国人が予想した通りに雨が降りました。そのため、外国人の偉い人は傘を差してやってきました。骨の数は十本もなく、羽二重の絹のようなものを張り水獣の膏《あぶら》を塗ってあるそうです。骨の数も少なく畳んでしまえば懐中に入るほどです。それほど製作に手間がかかっているようではありませんが、面白い傘だと思います。丁寧に作った傘は一生使えるそうです。また、朝鮮の人々も良い傘を作るということです。

今日、雨も少しあがり、雲の端に月が出たところを眺めたペリーが歌を詠みました。

日本の都をめざして使者としてやってきました。武蔵の国の横浜という所に碇《いかり》をおろ

して何日も停泊し、旅の疲れを慰めようと船上で酒を酌み交わし、日暮れに眺める月の様子に感じ入り戯れに詠んだ歌

武蔵の海さし出る月はあまとうや、カリホルニヤに残る影さも　　ペリー

ある役人が、このような前書と歌を書いたものを私に渡しました。その時はペリーがこんな和歌を詠んだとは半信半疑でした。おそらく好事家の偽作であろうと思い、最初は日記にも収録しませんでした。しかし、後になって金沢（金沢八景）でペリーがカリホルニヤを出航する際に妻子と別れる場面を描いた外国人の絵を見ました。また、浦賀でも外国人がペリーの歌を記しているところを見て、この歌が本当だと思いました。

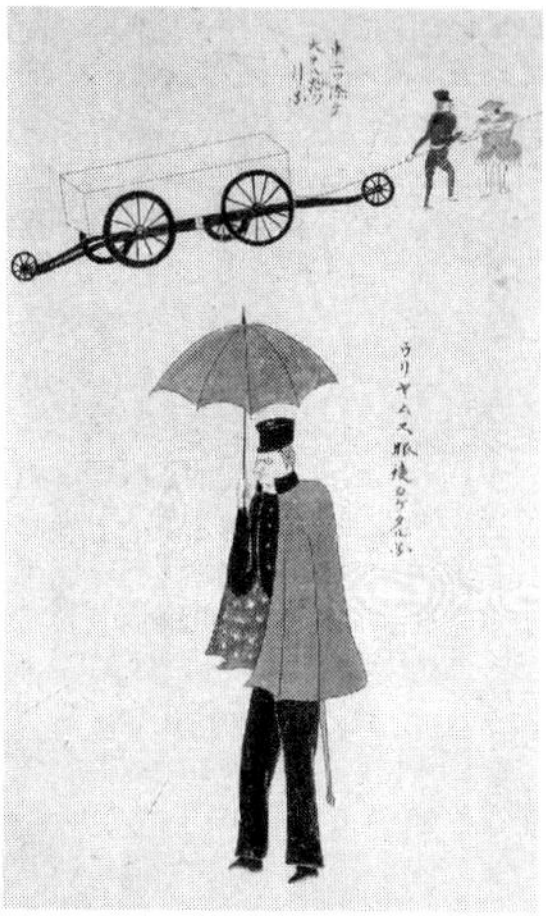

傘を差す通訳ウィリアムズ。横浜開港後、大量の傘が輸入されたが、日本人が西洋傘に関心を持ち始めたのはペリー艦隊の来航時であった（横浜開港資料館蔵「米艦渡来紀念図」から）

【解　説】

明治三十一年（一八九八）八月二十七日の横浜貿易新聞は、ペリー来航時に「亜墨理駕船渡来日記」の著者が見聞した話や当時広まっていた噂話を掲載した。

この日の新聞に掲載された日記は嘉永七年（一八五四）二月十五日から翌日にかけてのもので、ペリー艦隊乗組員との交流が深まる中で、虚実取り混ぜた話が庶民に広がりつつあったことをうかがうことができるものである。

日記には全部で三つの話が収録され、（一）乗組員が持っていた刀や傘についての説明、（二）ペリーが詠んだとされた和歌についての説明、（三）蒸汽車を走らせる線路と枕木についての説明（三の原文は次頁に掲載）が詳しく記された。

ペリーが詠んだとされる和歌については、船上で旅の寂しさを慰めるために作ったと記され、能力のあるペリーが和歌を詠むことができるのは不思議でないとしている。

こうした記述が根拠のないものであることは言うまでもないが、ペリーに対する強い好奇心はさまざまな話を生み出したようである。

28

蒸汽車

麦畑に線路を敷設

【原　文】

日本人にして梵・蘭・漢の学に達し、十八章の悉曇にて天竺中の事を記し、又、漢の言葉に翻訳し二十五の文字にて紅毛中の事を漢・桑土の言葉に通用いたし、漢土無数の文字を諳んじ、知りて詩を賦し文を作り、自由自在に取り用い候者沢山にこれあり候得ば駕土の人なりとて和歌を詠むまじきにあらず。己が意見管観眼をもって人の才を怪しむ事なし。阿部仲麿、遣唐使の時、芳流館の歌に

天の原ふりさけ見れはかすかなる、三笠の山に出し月かも

と詠ぜし歌によく似たり。外に心ありや知らず。

一、十六日、蒸気車・雷電伝信機、右作者の異人ポットメン上陸いたし、今日より組立に取り掛る。外異人の工匠五人其余手伝大勢にて右機関興行の場所、水盛等始め候。蒸気車興行の場所は応接場裏の方に麦畑の中に回り六十間巾三尺計、輪の如くに地を切り開き、其所へ巾二尺計り

の階子を幾挺も輪の如くに埋む。右の階子の親骨の内の処へ伸金を張り候車、この上を廻り走りの利の為なり。右埋む階子の内輪を少し低くいたし外輪の処を少し高く仕り候。是は車、かの六十間の中にて幾度も廻り候間、少し勾配を付けねば廻る工合宜しからず。右に付、かようにむつかしく仕り候。平地をやり候得ば五里も六里も水盛なしに少しの高低は火勢にて推し切り飛び行き申し候。今度は御役人方、桟敷の上にて一所に居て御覧に付、輪の如く場所を作り候。さて埋め候階子の名はアメリカにてはダルリと申し候由、すべて階子の名なり。かの国の階子はなはだ面白き作り方なり。丸木を挽き割り親骨として其中の処を繰り抜き段々の子位を仕込む。子位の両端の処に鉄の釘をもってクルクルの如くにいたして留め置き、階子不用の時は左右の手にて引き違い候得ば親骨の繰り抜きの処へ子位骨収まり親骨は丸木となる(図あり、これを略す)。右の階子引き広げ候時はクルクルの工合緩き故グニャツキ締まりなき様に思い候得共、階子は多くは庭などの地、場平の処へ掛け申し候故、下の方にて親骨二本キマリ付候間、ユラツク事なし。

異人の階子、親骨は軽き木なり。子骨は樫木に似たる細き丸木なり。

【意　訳】

日本人にも梵《ぼん》・蘭《らん》・漢の各国の学に習熟し、天竺《てんじく》のことを記し、紅毛のことを漢の言葉で話す人もいます。また、中国の文字を諳《そら》んじて、漢詩を自由自在に作る者も多くいます。したがってアメリカ人であっても和歌を詠んだといっても不思議ではありません。自分にそのような才能がないからといって、人の才能に疑念をはさむことがあってはいけません。かつて阿倍仲麻呂が遣唐使に出た際、「天の原ふりさけ見ればかすかなる、三笠の山に出し月かも」と詠んだ歌とよく似た心境を詠ったものでしょうか。

一、十六日に献上品の蒸汽車と電信機の組立が始まりました。技師たちと手伝いの外国人が大勢上陸しました。蒸汽車の試運転をする場所は応接所の建物が立っている裏の麦畑で、三尺の幅で一周六十間(約百十メートル)の輪のような土地が整地されました。その土地に幅二尺ほどの枕木が何本も埋められました。この枕木の親骨のところを蒸汽車が走ることになります。枕木の内側は少し低くなっており、外側が少し高くなっています。円形の線路を何度も回るには、少し勾配《こうばい》をつけた方が良いために、こうした工事が行われたようです。しかし、直線で蒸汽車を走らせる時には、五里でも六里でも少しの高低はまったく問題なく走行させることができるということです。今回は、日本の役人が桟敷で見物するということで、円形に線路を敷設しました。また、枕木はアメリカで「ダルリ」と呼ばれています。この作り方も面白いもので、丸木を割って親骨とし、その中の部分をくり抜き小さな木を埋め込みます。両端は鉄釘で留め、使用しない時は小さな木を親骨の中に再び納めることができます。使用する材木は軽いもので、小さな木は樫に似た細い丸木です。

ペリーが贈り物として持参した蒸汽車の模型。「亜墨理駕船渡来日記」の写本に掲載された絵（横浜開港資料館蔵）

【解　説】

嘉永七年（一八五四）二月十六日、前日に幕府に献上された蒸汽車の模型や電信機を組み立てるため、何人かの乗組員が横浜村に上陸した。日記は、この時の様子を詳しく記録している。

特に、蒸汽車の模型についての記述では、試運転に先立ちおこなわれた線路の敷設について詳しく説明している。

鉄道など見たこともない人が記しているため、少々意味の分かりにくい個所もあるが、筆者が線路の敷設に強い関心を持ったことを知ることができる。

また、線路が敷設されたのは応接所の裏手で、日記には麦畑に百メートル以上の線路が敷設されたと記されている。さらに、筆者は、蒸汽車が高低のある場所でも蒸気の力で進むことを聞き、驚きの声をあげている。

蒸汽車にせよ、電信機にせよ、近代文明の生み出した道具を目のあたりにした人々はなにを感じたのだろうか。

29 通訳㊤ 異人ウィリアムズ

【原　文】

一、亜美理駕人水盛仕り候匠人の寸尺を考え見るに殷の湯王が天下を治むる時の制度、今の六寸を一尺とす。今日、日本にて用い候尺は夏の禹王が天下を治むる時の制度の尺なり。俗にクジラ尺と申す。欧羅巴人・紅毛人の用い候尺は周の文武の両王が天下を治め、輔周公旦の制度の寸尺なり。今の八寸を一尺とす。俗にカネ尺と申す。夏殷周三代の制尺皆二寸宛違うなり。日本、夏の二尺（一尺より二寸伸び二尺四寸）、欧羅巴及び紅毛と周の三尺（三八二尺四寸）、亜美理駕と殷の四尺（四六二尺四寸）なり。其時の制に随い名替わり候得共、寸尺は同じ（図あり略す）。亜美理駕の尺、四尺なり。日本の如く夏のクジラ尺も一尺に目を盛り、周のカネ尺も一尺に目を盛り候得ば甚だ紛らわしく時々勘考違い出来候。亜美理駕人の如く親目を六寸に割り子目を其割にて一寸に割り置けば勘違いなし。又、水盛は遠眼鏡にて眼力定めに仕り候。甚だ妙、これを略す。

十七日、今度渡来の異人にウリユムスと申す者これあり。生縁は亜美理駕に候得共、子細これあり。一家の妻子を引き連れ国遠いたし、清国乍甫と申す処に住居仕り候由、其後、亜美理駕国王より度々使者をもって呼び返しこれあり候得共返らず。弟を返し本国の家を継がせ、其身は矢張り乍甫に客居仕り候。日本の天保中に交易船に乗組み長崎へ二度も参り候由、尚又、日本尾張の人三人、九州肥前の人三人、都合六人の漂流人、かの乍甫のウリユムスの宅に食客致しこれある由、この事実にしかるべし。この異人の言語、日本人に異なる事なし。右に付、今般渡来の重訳詞になり来るよし。昨丑六月、渡来の時は事替り重訳詞はウリユムスと申す蘭・漢・和の三学に達したる者これあり。

英単語を紹介した瓦版。平仮名で発音が記してある（横浜開港資料館蔵）

【意　訳】

一、アメリカ人が線路を敷設するために土地の水平を計測しましたが、その時に使用していた「ものさし」は、中国の殷《いん》が用いていたもののようでした。今日、日本で使用しているものは中国の夏で用いていたもので、俗に「鯨尺」と言っています。ヨーロッパ人やオランダ人の使用しているものは、周の文王と武王が天下を治めた時のもので、これを「かね尺」といいます。それぞれ一尺の長さが違います。しかし、どの「ものさし」も一尺ごとに目盛りを置くことは一緒のようです。また、土地の水平を測量するために「遠眼鏡」を使っていましたが、大変奇妙な感じがしました。

十七日、今回、日本にやって来た外国人にウィリアムズという人物がいます。生まれた国はアメリカですが、子細があって妻子を連れて清国の乍甫《さほ》に移りました。その後、アメリカ国王が度々呼び戻そうとしましたが、アメリカには帰らず弟が家を継いだということです。天保年間（一八三〇～一八四四）には交易船に乗組み、長崎に一度もやって来ました。また、乍甫の彼の家には日本の漂流民（尾張の人三人、九州の人三人）が寄宿していたと言われています。彼は日本語を話すことができ、このため今回通訳になりました。

【解　説】

嘉永七年（一八五四）二月十七日の「亜墨理駕船渡来日記」は、ペリー艦隊の通訳であったウィリアムズについて紹介している。ペリー艦隊には複数の通訳がいたが、日本人と比較的よく接触したのは、ウィリアムズと中国人の羅森《らしん》の二人の通訳であった。

通訳は日米交渉や資料の作成に従事し、二月十日の第一回会談の際には、日本側は森山栄之助が、アメリカ側はポートマンとウィリアムズが通訳をつとめている。会談では、森山が日本語をオランダ語に訳し、ポートマンが英語をオランダ語に訳している。

また、通訳は会談の時に活躍したほか、度々横浜村に上陸したため、日記で詳しく紹介された。特に、ウィリアムズについての情報は大変詳しい。

ウィリアムズについては洞富雄氏の研究（雄松堂出版「ペリー日本遠征随行記」の解説部分）があり、履歴などを詳しく知ることができる。洞氏の研究によれば、ウィリアムズは一八一二年にニューヨーク州に生まれた人物であった。

父は印刷業と書籍商を営み、信仰心の厚い人物であったと伝えられる。彼は、少年のころから勉学好きで、早くから植物学に関心を持ったという。

ウィリアムズがアジアにかかわるようになったのは、父の勧めでアメリカ対外宣教委員会の広東印刷所に赴任してからで、一八三二年から広東で中国語を学んでいる。

また、一八三七年には、モリソン号という船に乗り、日本人難破船員七人を日本に送還することを試みているが、浦賀（横須賀市）の沖合で台場からの砲撃を受け退去している。

この前後に、ウィリアムズは難破船員から日本語を学んだといわれ、かなりの日本語の知識があったらしい。このため、ペリーから通訳として日本遠征に随行することを求められ、彼は横浜で日本人と広く交流を繰り広げることになった。

こうした経歴の人物との交流から日本人はなにを得たのだろうか。

ウィリアムズの肖像画（横浜開港資料館蔵「日本アジア協会紀要」から）

30 通訳㊦ 数カ国の言葉解す

【原 文】

又、漢学には広東の羅書記森と申す者これあり候て万事蘭語を漢語に直し、和国の漢を学ぶ人に文をもって通じ、甚だ当年はこの両人、清土より乗り来り、都合よく行届き候由。さてウリユムスは言葉計りか顔迄日本の通りなり（墨絵の肖像あり、これを略す）。或時、この異人、横浜の山下と申す処にて岩間に蛤を拾い、其鳴声を聞き、この母蛤、子に離れを惜しむと言いて右蛤を海水へ投げぬ。公治長は鳥語を知り、介の葛驢は牛鳴に通ず。あるまじき事にはあらねども合点の行かぬは水虫の鳴に達す。是は正しく異人の和人を誑惑するなるべしと思い侍ぬ。然るに或時、横浜上陸の時、東南と西北に遠からざる内に火あり。これを去る事近し。然れども此地の憂いにあらずと申しぬ。果して太田村と北方村に火事これあり。斯様なる事より風雨晴明は三四日先に申す事一つも相違なし。蛤の鳴は合点の行かぬ儀、髄には信じがたし。或時、此異人申し候は今十年も過ぎ候得ば亜美理駕人も日本の如く野郎頭に髪を剃り、日本の通りの髪を結び候様になり申し候と言う。其時は何の訳にてかくのごときに申すと問い申すべく処を失念して問わず。残念に思う処、当五月十八日の夜、同宿の異人カワクベビライ・ベイマの両人も右の通り申し候間、兼ねて不審に存じおり候儀、よく問う処と存じ何の訳にて亜美理駕、日本の如くに髪を剃り候やと居あわせ候者の頭を指し仕方なくいたし尋ね候得共、此異人ウリユムスの如くに速やかに言語不通、分かり兼ね候内に公用でき、其事成らず惜しむかな。ウリユムスの噺多く候得共これを略す。

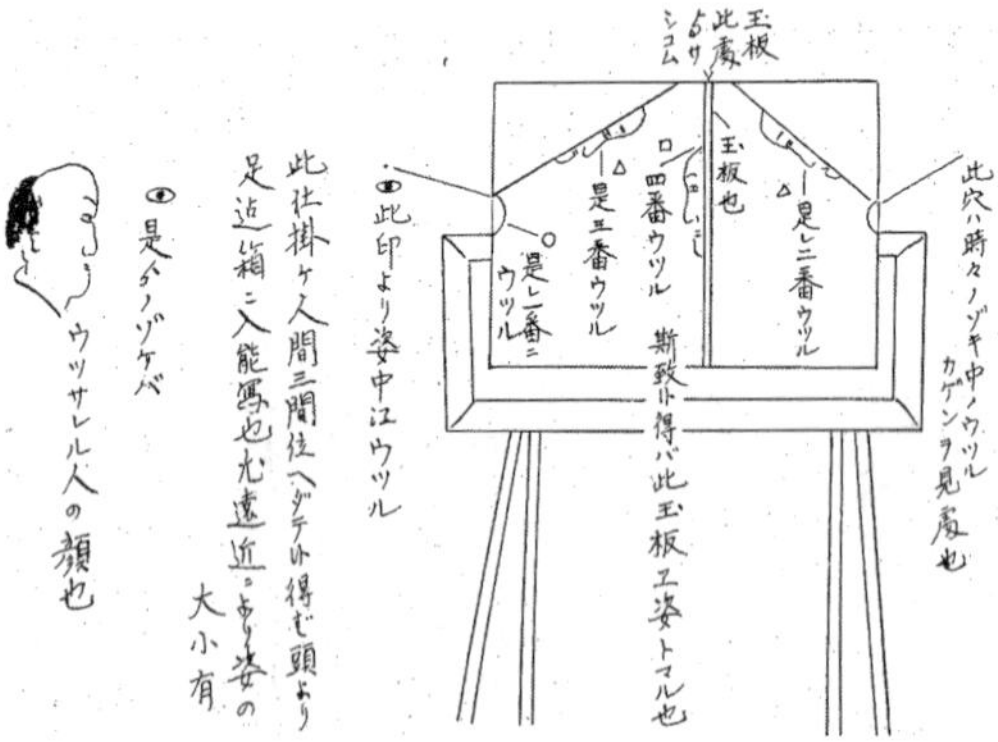

「亜墨理駕船渡来日記」の写本に掲載された写真機の構造を示した絵。かなり詳しく説明が付されている（横浜開港資料館蔵）

【意　訳】

次に、もう一人の通訳に広東出身の羅森《らしん》という中国人がいます。彼は、オランダ語がうまく、オランダ語を中国語に翻訳していました。日本人は彼と漢文で筆談しました。この二人の通訳がいてくれたおかげで、日米交渉がうまくいきました。ところで、ウィリアムズは日本語ができるだけでなく、顔まで日本人そっくりです。ある時、彼は横浜村の山下というところで蛤《はまぐり》を拾いましたが、その鳴き声を聞き、母蛤が子と別れたことを歎いていると言って蛤を海に返したということです。鳥や牛の言葉を理解した人もいたということですから、ありえないことではないと思いますが、これは外国人が日本人をたぶらかし惑わす行為だったようです。また、彼が横浜に上陸した時、東南と西北で近日中に火災が発生すると予言しました。しかし、横浜村には災いが及ばないと言いました。はたして、その後、太田村と北方村で火事がありました。さらに、天候についても三、四日先の予報はひとつとして間違いがありません。蛤の話は簡単には信じられませんが、ある時、彼は十年後にアメリカ人も日本人のように髪を剃り、マゲを結うようになると予言しました。その訳を尋ねる機会を失い残念に思っていました。その後、五月十八日にカワクベビライとベイマという外国人が同様のことを話しましたが、彼らはウィリアムズほど日本語がうまくないためその理由は、やはり分かりませんでした。

【解　説】

「亜墨理駕船渡来日記」は、通訳のウィリアムズに関する話を長文にわたって紹介しているが、その中のひとつにウィリアムズが蛤と話したという逸話がある。

この話は、ウィリアムズが応接所付近の海岸で蛤を拾ったところ、蛤が子と別れるのがつらいと鳴いたので海へ返してやったというものである。

こうした話は、数カ国の言葉を話すウィリアムズに驚いた日本人が作り上げたと考えられる。話そのものは、どうということもないものではあるが、庶民の国際化は、日本語を理解する外国人がいるということを認識することから始まるのかもしれない。

また、日記は、ウィリアムズが十年後に外国人も日本人の髪形をまねるようになると話したと記している。真偽は分からないが、交流が深まるなかで風俗・習慣も似てくるようなことがあると話したのかもしれない。

ところで、ウィリアムズが蛤を拾ったとされる二月十七日は、エリファレット・ブラウン・ジュニアという写真家が横浜村に上陸し、写真を撮影したという記念すべき日でもあった。

「亜墨理駕船渡来日記」には十七日に撮影がおこなわれたことについての記述はないが、いくつかの古記録に撮影の様子が記録されている。

たとえば、根岸村（横浜市中区・磯子区）の村役人が記した記録には、ブラウンが写真機を持参し、人物や建物を撮影したと記されている。また、この記録には写真機の構造や撮影の仕組みについても記されている。

撮影は、その後も何回かにわたっておこなわれたが、この時、松代藩士の佐久間象山がブラウンと写真について会話したことは有名な話である。また、日米和親条約締結のための交渉がおこなわれている間に、ブラウンは、五百枚近い写真を撮影したといわれている。しかし、現存が確認されているのは、被写体となった日本人に贈られた六枚だけであり、今後、写真が発見されることが期待されている。

その後、近代化が進む中で写真は人々の暮らしの中に定着し、現在ではなくてはならないものになっている。残念ながら写真との出会いについて日記の筆者は記していないが、なにか一言でも書き残してくれればと思わないではない。

31 広東人 漢詩で庶民と交流

【原　文】

一、十八日、今度渡来の異人に広東の人多く
　乗組み来る。其内、羅森と向喬の二人は
　詩文に達し、且つ美筆なり。今日も上陸
　いたし詩を作りぬ。

春月題干横浜公館
群峭碧磨天　逍遥不計年
撥雲尋古道　倚樹聴流泉
甲寅春月題於横浜館
有客蒼々咏　平臨万里流
披胸羅宿海　滌足見神州

当正月二日、清国乍甫の湊を出帆し琉球と日
本の薩摩との間を蒸気船にて乗り抜き来る時
の作に面白き詩これあるとて横浜にて人に書
き与う其詩に

甲寅春月出干乍甫埠之次日入於日本海而火船
上即事一首題於横浜館　　広東　羅森
火船駛向粤西東　此日登程霽色融
歴覧層山情不尽　遥看闊海目無窮
雙輪飛出蒼溟外　一舵軽浮浩蕩中
勢若騎鯨沖巨浪　快如奮鶚振高風
月明遠叩琉球島　雪白横堆日本峰
身類渺然於天地　願與知音訴彼衷

甲寅春月於飽丹火船上而　奮題応入需書
広東　羅森
夜半帰来月正中　満身香帯桂花風
流蛍数點楼台静　鳴鶴一声天地空
沽酒喚回茅店夢　狂歌驚起石潭龍
倚欄試看青峰剣　万丈豪光透九重
甲寅春月題於横浜館
広東　羅森
半榻茶煙春讀易　一窓花月夜談詩

右の通り直筆に見る処を記す。廿六日献上の目録書も此人の書なり。美麗なる事なり。此異人は広東人に候得ば亜美理駕人と違い甚だ柔和にして殊更礼容、日本人に格別違いもなし。屋裡に入り座敷へ通る時は履を庭にて脱ぎ、家人に長揖し席に着く。頭髪は百合の処に少し髪を残し、其外は剃除す。残りの髪を長く綺麗に組合せ後に垂れ申し候。

ペリー艦隊の船と主な乗組員を紹介した瓦版
(横浜開港資料館蔵)

【意　訳】

一、今回渡来した中国人には広東出身の人が多く、なかでも羅森《らしん》と向喬《こうきょう》は詩文が巧みです。羅森は十八日にも上陸し、詩を作りました。

（漢詩は原文を参照）

正月二日に乍甫の港を出発した時に作った詩で、横浜の人に書き与えた詩に次のものがあります。

（漢詩は原文を参照）

二十六日に幕府に献上した品物の目録も羅森が書きました。この人は広東人であるためアメリカ人と違って大変柔和な性格で日本人と異なるところがありません。家に入る時も履物を脱ぎ、家の人にきちんとあいさつします。髪は弁髪です。

【解　説】

二月十八日の「亜墨理駕船渡来日記」は、ウィリアムズとともにペリー艦隊の通訳をつとめた羅森について紹介している。日記には、ペリー艦隊に多くの広東人が乗船していること、なかでも羅森と向喬の二人は詩文に優れていることが記されている。

また、羅森については、彼が作った漢詩を何首か掲載した。中国人の場合、筆談をすれば日本人と意思を通わせることができ、日本人の中には漢詩を理解することができる人も多かった。そのため、多くの日本人が羅森と親しく交際したようである。

日記には、羅森がアメリカ人と違って親しみが持てると記され、屋敷に入るときも履物を脱ぎ、礼儀をわきまえているとしている。

羅森については、広東の出身で、ペリーが二度目に来航する際に、友人から依頼されて通訳兼書記官として乗組員となったことが分かっているにすぎない。しかし、日本人と親しく交際したため、来航後の彼の動向については日本側のさまざまな記録に記述がある。

たとえば、当時、警備に従事していた小田原藩士の手紙には、羅森が日本人の求めに応

下田（静岡県）での光景。ペリー艦隊乗組員と日本の女性や子供たちが話しているところが描かれている。当時、乗組員と日本人はさまざまな交流を繰り広げた（横浜開港資料館蔵「ペリー艦隊日本遠征記」から）

じて即興の漢詩を扇子に書いていたと記されている。こうした即興詩は扇子五百本以上に達し、彼が五百人以上の日本人と交流を持ったことを伝えている。

また、伊豆下田でペリー艦隊に密航を企てたと伝えられる長州藩士の吉田松陰は、通訳のウィリアムズに羅森に会いたいと言ったといわれている。

こうした話は、いかに羅森が短時間で有名人になったのかを教えてくれる。

羅森と日本人との交流は庶民にまで及び、下田では「小間物屋」が町を散策していた羅森に扇子を差し出し、即興の詩を書くことを求め、横浜では横浜村の村役人であった石川徳右衛門がポーハタン号を訪れ、羅森の書を求めている。

ところで、日本人は羅森との交流の中から多くの海外情報を手に入れた。たとえば、羅森が記した日記には、平山という幕府役人が、当時、中国で起こっていた「太平天国革命」の原因を尋ねたことが記されている。

平山は羅森から国際化が進む中で清国がどのような状況に追い込まれたのかを知り、強い危機感を持ったようである。その後、平山は羅森の教授に対し礼状を寄せたが、その中で西欧諸国と貿易を開始すると、人々が利益のみに惑わされるようになると記している。また、平山は、今後、日本も兵を訓練し、武器を整え、軍艦を造る必要があると述べている。

平山の意見の是非はさて置き、ペリー艦隊の来航は日本人の国際認識を急速に深めていったことは間違いない。

32 馬術

象山ハイネに驚く

【原　文】

一、十九日、横浜村内、惣兵衛と申す者の屋敷は手広にして殊に門前より家の東に通じ見通し広馬場の如し。尚又、真田侯の御馬場に近し。右に付、御固めの役人方、右の地借用これあり。応接固めこれなく閑暇の日毎に御馬の稽古これあり候。今日も師範佐久間修理を始め多くの御家中、朝より稽古これあり候処、細画の名人の異人、右の場所に来り馬騎の図など写す時に御家中の人、馬上にて左右の手に手綱を取り馬に騎り、又鞭を揚げて馬の尻を叩き候を見て大いに笑う。師範の佐久間立腹してかの異人に一馬場騎り申すべくと馬を指し付け候得ば、異人恐れる色もなく馬の傍らに立ち寄り候得ば、身の丈六尺七八寸もこれある異人に恐れ、かの馬飛び廻り嘶き躍るを事ともせず、立ちながら馬に跨り両手綱を左の片手に持ち、右の手にて馬の平首を少し撫で候得ば其馬逸散に駆け出し追風絶塵四蹄地に着かざるが如し。異人馬上に於て右の手にて砲矢剣鎗、戦場の駆引き仕り候。其様子神速鬼変の早業、中々人間業とは見えざりけり。流石の佐久間も舌を巻き一家中の人々も口を噤んで言葉なし。数多の見物人声を放ちて称嘆す。異人馬より下り馬の尻を叩きて横に手を振り、又、右の平首を撫で見せ、又、両手綱を持てば宜しくなし。戦場にては右の手は常に入用、此手にて鞭を遣い付け候得ば人も癖付き、剣戟入用の時の間に合い申さず。馬も尻を叩き癖付き候と毎度鞭にて叩き申さず候ては馳せぬ事に心得、尚又、余りに鞭うち候得ば馬の心後へ引かされ先へ進むに利なしと申し手振りいたし見せ申し候。

今日切りにて馬稽古も休み申し候。其後、増徳院にて鉄砲取扱の稽古これあり候得共、是も異人来り、鉄砲の扱い方種々致し見せ候。是も間もなく休みぬ。和人の異人を見ぬ人の心にては異人は水戦計りの心懸けこれあり、陸上の合戦に至りては河童の水を離れて技量なきが如く心得候人もこれあり候得共、今日の馬術、十五日の剣術を見ては中々油断なるべからず。其後、陣立の噺いたし候を聴くに怖る事多し。

【意　訳】

一、十九日、横浜村の惣兵衛の屋敷の門前に馬場のような広い場所があります。この所は真田侯（松代藩）の馬場にも近く警護の役人が土地を借り受けました。警護の合間には馬術訓練をしましたが、今日、松代藩士の佐久間修理（象山）が朝から馬の稽古にやってきました。この時、ペリー艦隊の絵師（随行画家ハイネ）がやって来て、藩士の騎乗の様子を描きました。絵師は、藩士が両手で手綱を持ち、鞭で馬の尻を叩いたことを眺め笑いましたが、このことを知った佐久間は立腹し、絵師に対し、「笑うぐらいならば、あなたも馬に乗ってみたらどうか」と勧めました。絵師は馬の横に立ち、馬は身の丈二メートルにも達する絵師の姿に驚き暴れました。彼は平然と馬にまたがり、手綱を左手に持ち、右手で馬の首を撫ぜたところ、馬は一目散に駆け出しました。彼は右手に「剣付銃」を持ち、戦場で駆け引きをしているかのようでした。とても人間業とは思えません。松代藩の人々も言葉を発することもできませんでした。見物人たちは称賛の声をあげました。馬をおりた絵師は、戦場では右手を必ず空けておく必要があること、むやみに馬を鞭で打ってはならないことを手ぶりで示しました。

このような騒ぎがありましたが、今日で馬の稽古も終了です。その後、増徳院で鉄砲の訓練がありましたが、これにも外国人が見物に来ました。日本人で外国人の様子を実際に見たことがない人は、外国人が「水戦」ばかりが得意と思っている人もいますが、今日の馬術の巧みさや十五日の剣術訓練を見るかぎり、そのようなことはありません。

ペリーへの贈り物である米俵を運ぶ力士を描いた瓦版（横浜開港資料館蔵）

【解　説】

三月十九日の「亜墨理駕船渡来日記」は、横浜村の惣兵衛という人物の屋敷の裏で松代藩士が乗馬の訓練をしたことを伝えている。訓練には師範役の佐久間象山も参加し、これを見学したペリー艦隊の随行画家ハイネとの間でさまざまな交流があったと記している。日記によれば、ハイネは藩士の馬に乗り、巧みに馬を操り、日本人を驚かせたらしい。日記には、ハイネが「左手だけで馬を操った」とあり、その様子は「神速鬼変の早業」であったと記されている。筆者は、アメリカ人が「水戦」だけでなく、陸戦も強いと記しているが、人々がアメリカ軍の軍事力に強い関心を持っていたことをうかがわせる。

また、日記には記されていないが、この日は二回目の日米会談がおこなわれた日であった。この日、ペリーは約二百人の水兵を率いて横浜村に上陸し、夕刻まで日本側全権と会談をおこなった。

残念ながら、日記には、第二回の会談が二月十五日に開かれたと記した個所があり、筆者は重要な日米会談のおこなわれた日付を間違って記録しているようである。

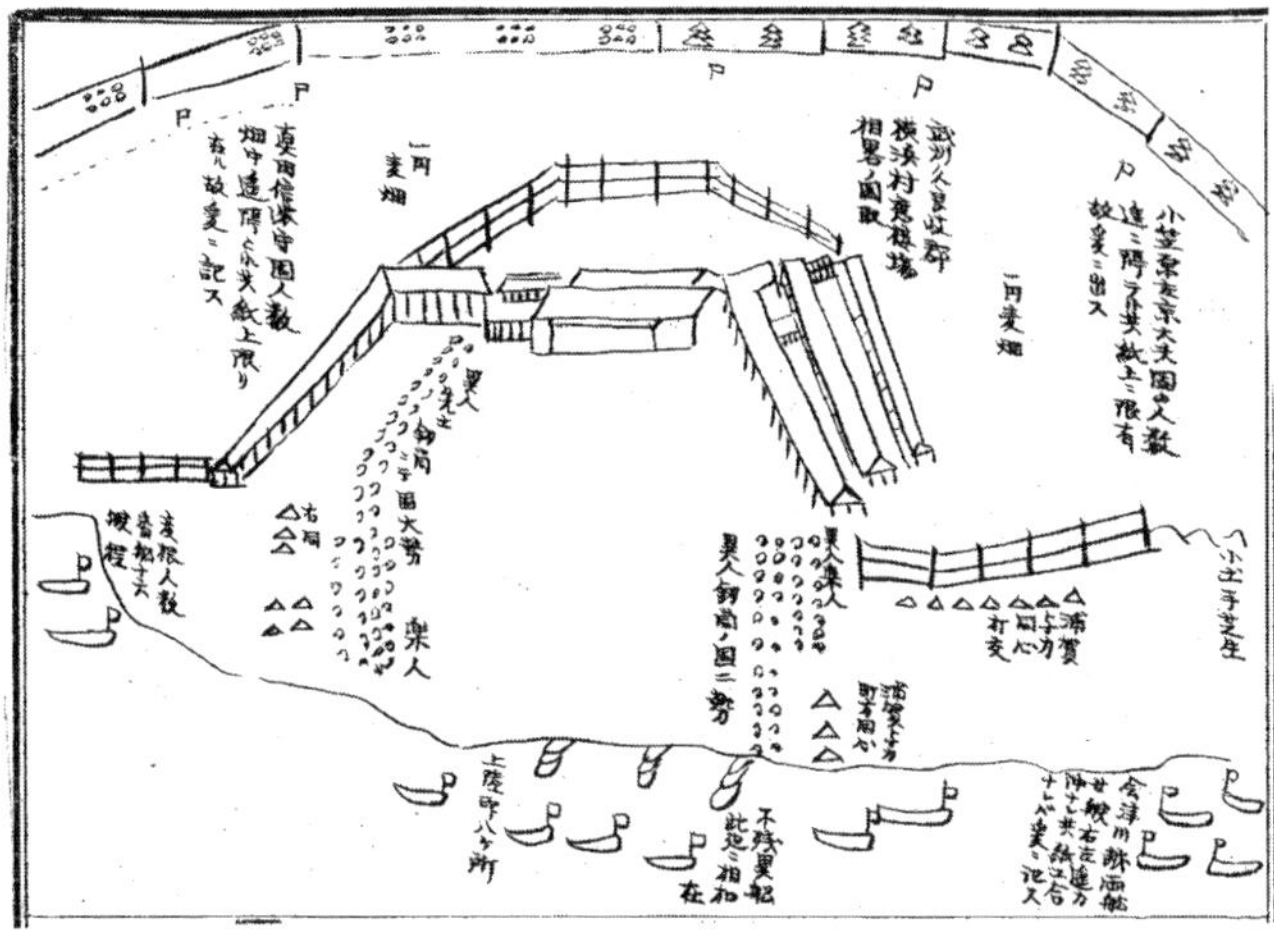

応接所付近の見取図。建物の左に「真田信濃守」（松代藩）と注記があり、この地点に佐久間象山をはじめとする松代藩士がいたことが分かる（横浜開港資料館蔵「亜墨理駕船渡来日記」写本から）

そのため、この日の記述に日米会談の記事が掲載されなかったと思われる。また、松代藩士の乗馬訓練も別の日であった可能性もあるが、今となっては確認できない。

33

徘徊　死者出れば戦争も

【原　文】

二十日、今日、御触左に
一、神奈川沖滞留の異船八艘の内二艘、豆州下田迄、明後廿二日頃に出帆いたし、追って同処滞留の場所迄引き返し申すべし。聊か心配の筋にてはこれなく候。もっとも出船の日限相延び候ても別段相触れ申すまじく候条、右の趣、洩れざる様相触れ申すべくもの也。
寅二月廿日
美作

武州神奈川より浦々豆州長津呂迄、右宿村名主・年寄右の通り御触、此二艘は来年渡来の碇泊場見置きのため参る由。

廿一日、上陸の異人一人、洲乾と申す処より神奈川へ舟にて渡し申すべく由、手真似仕り候間、付添の役人、其儀は決して叶い申さず由、手振仕り候得共、異人腰の鉄砲をもって、かの役人を打ち留めんと指し向け候間、是非なく舟を出し渡し申し候。神奈川より東海道を東へ行き江戸を心掛け参る様子に候得ば付添役人急ぎ人を走らせ川崎役人へ申入れ、六合川の渡し舟を隠し申し候。異人も川端に参り舟を出し申すべく手振り仕り候得共、此川舟なしと手振にて申す。異人万年屋前より下へ行き候処、羽田渡し同断に舟を外へ隠す。右に付、拠所なく大師河原より横浜へ帰り候。実に危きことなり。六合川舟これあり候て渡し申さず候得ば又、鉄砲なるべし。若し鉄砲にて打たれ候得ば犬死末代迄家名の汚れ、若し渡して江戸迄参り候得ば付添一人の不調法にあらず。懸かり役人一同の落度なり。若し異人鉄砲にて手向い仕り候とて万一異人一人打ち捨て候得ば夷華大乱の兆しなり。実に危きかな。

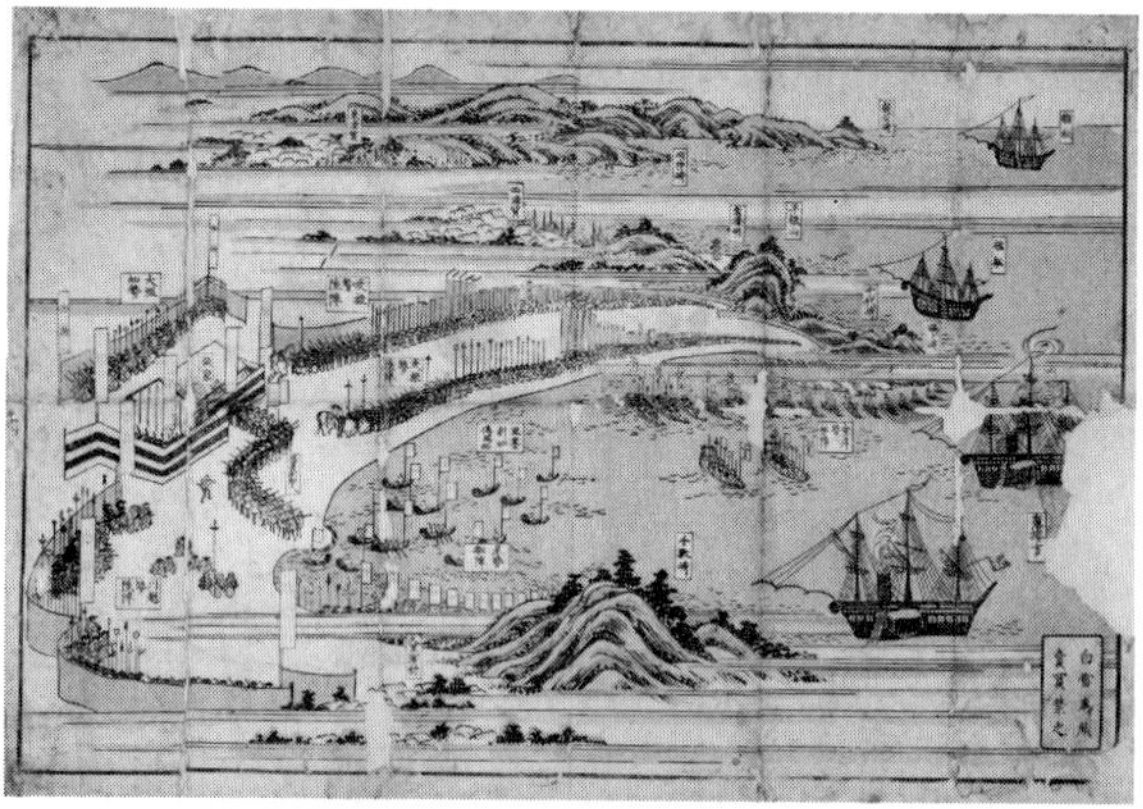

嘉永６年（1853）に久里浜（現在、横須賀市）に上陸したペリーの様子を描いた瓦版（横浜開港資料館蔵）

【意　訳】

二月二十日に幕府から次のような「御触《おふれ》」が出されました。

一、神奈川宿の沖に停泊している異国船八艘の内、二艘が伊豆の下田に向けて二十二日に出帆します。その後、再び神奈川宿の沖まで引き返してくる予定です。少しも心配するようなことはありません。また、出帆が延期されることもありますが、その際は通知しません。

この「御触」は神奈川宿から伊豆までの海岸部の宿場や村に通知されました。また、二艘の船は、来年以降、下田にやって来るための下見に派遣されたということです。

二月二十一日、一人の外国人が横浜村から神奈川宿へ小船で渡って来ました。彼は、手ぶりで神奈川宿へ行きたいと示し、付き添いの役人は拒否したそうですが、外国人が鉄砲で脅したため、やむなく小船を出したそうです。彼は、神奈川宿から東海道を江戸に向かいました。驚いた役人たちは川崎宿へ連絡させ、多摩川の渡し（六郷の渡し）にあった舟を大急ぎで隠しました。多摩川の渡しに着いた外国人は手ぶりで舟を出せと要求しましたが、舟はないと答えました。外国人は南へ向かい、羽田村でも舟を隠され、やむなく大師河原から横浜へ戻りました。もしも舟を隠していなければ、鉄砲を出して脅したはずです。この時、警備陣の中に撃たれた人が出たならば、撃たれた人は末代までの恥といわれたはずです。さらに、江戸まで入ってしまったならば、警備にあたった役人たち一同は責任を取らされたはずです。また、外国人を殺していれば、戦争勃発《ぼっぱつ》にもなりかねませんでした。

徘徊した乗組員が立ち寄った多摩川の渡船場（六郷の渡し）
（横浜開港資料館蔵「江戸名所図会」から）

【解　説】

二月二十日の「亜墨理駕船渡来日記」は、二十二日に二艘の外国船が下田に向けて出帆することを人々に知らせた「御触」を記録した。この船はサザンプトン号とヴァンダリアン号で、将来、アメリカ船が寄港することになっている下田を下見するために出帆したものであった。

この「御触」は神奈川宿から伊豆半島の海岸部一帯に伝えられ、この地域の人々は「御触」によってペリー艦隊の動向を詳しく知ることになった。

また、翌日の日記では、艦隊乗組員の一人が神奈川宿に上陸し東海道を東に向けて徘徊《はいかい》した事件を記録している。この事件は、当時の人々を驚かせ、「亜墨理駕船渡来日記」以外にも、事件について記した多くの記録がある。

しかし、日記は、その中でも比較的詳しい内容を含んだものであり、事件が発生した日付が間違っているものの（実際は二月十六日）、東海道を徘徊する乗組員に驚愕《きょうがく》した日本人の姿を詳しく伝えている。

ところで、乗組員が何を目的として徘徊したのかについては分からない点が多い。ペリー艦隊の公式記録にも「好奇心」からとしか記されていない。しかし、こうした行為は許されるものではなく、ペリーは直ちに乗組員に帰艦を命じている。

日記の記述によれば、乗組員は鉄砲で船頭を脅して神奈川宿に船を着けさせたようである。上陸地点は、ほかの記録に神奈川宿の青木町と記したものがあり、その後、甚行寺や洲崎明神を経て、現在の横浜市鶴見区の南部に向かったようである。

この地点で乗組員は一軒の民家に立ち寄り、当時の国際通貨であるメキシコ銀と日本の通貨とを交換することを求めたといわれている。

最終的に彼は多摩川を渡ることができず、夕刻になって現在の鶴見区生麦から小船に乗せられ艦隊に戻っている。事件そのものは、日本に興味を持った乗組員の規則違反にすぎなかったが、著者は日本側にせよ、乗組員にせよ負傷者や死者が出れば、大変なことになったと記している。

34

試運転

汽車模型走り歓声

【原　文】

今日八ツ時頃、異国船一艘新たに入海。同所へ碇泊。

一、廿二日、異船二艘出帆。豆州下田へ参り。来年より渡来の節、碇泊場見置きのため参り候由。江戸より御座船一艘、天一丸来り、神奈川より横浜へ来り直ちに神奈川へ帰る。御紋付の幕旗吹貫五流。此船是より後、毎度応接の時、駒形海岸に来り居り候。何人が乗り候や知る人なし。

一、廿三日、蒸気車組立ならびに其場出来に付、廻し始めに相成る。其製度百分一の図面を左の通り、蒸気船の仕掛け同様に候間、舟の形に致すべくの所、制度を改め、車にしたるは海陸の差別のみなり。一番の車台の上にある大筒の如き物は鉄火爐という銅壺なり。中に二通り立てに仕切あり。中の処にて火を焼く。左右は湯なり。湯湧場と外の輪の大車に縁を引き、中にぜんまい車あり。其ぜんまい（図略）かくの如くの輪に湯受ける物を仕掛け置き、銅壺の上の三番めの物にて湯を吸い上げて湯を上より落として、ぜんまいの仕掛けにて激徹す勢いにて、ぜんまい廻る。是にて縁を引き廻るなり。大筒の如き物の上にある一番は煙気出す物、煙箱とも気箱共申す。二番の風鈴の如きは湯の湧き上がるを知るもの。湯湧くは鳴り出す。三番は吸気筒なり。湯勢上がるもの也。四番は相分からず。五番は湯の減りたる時、湯を続け添える物也。さて中の車台は火焼き場上に焼き木・石炭などを置き、中に水を入れる仕掛けなり。三番車は人の乗る車なり。是仕掛けなし。架連路という（蒸気車の図略）。

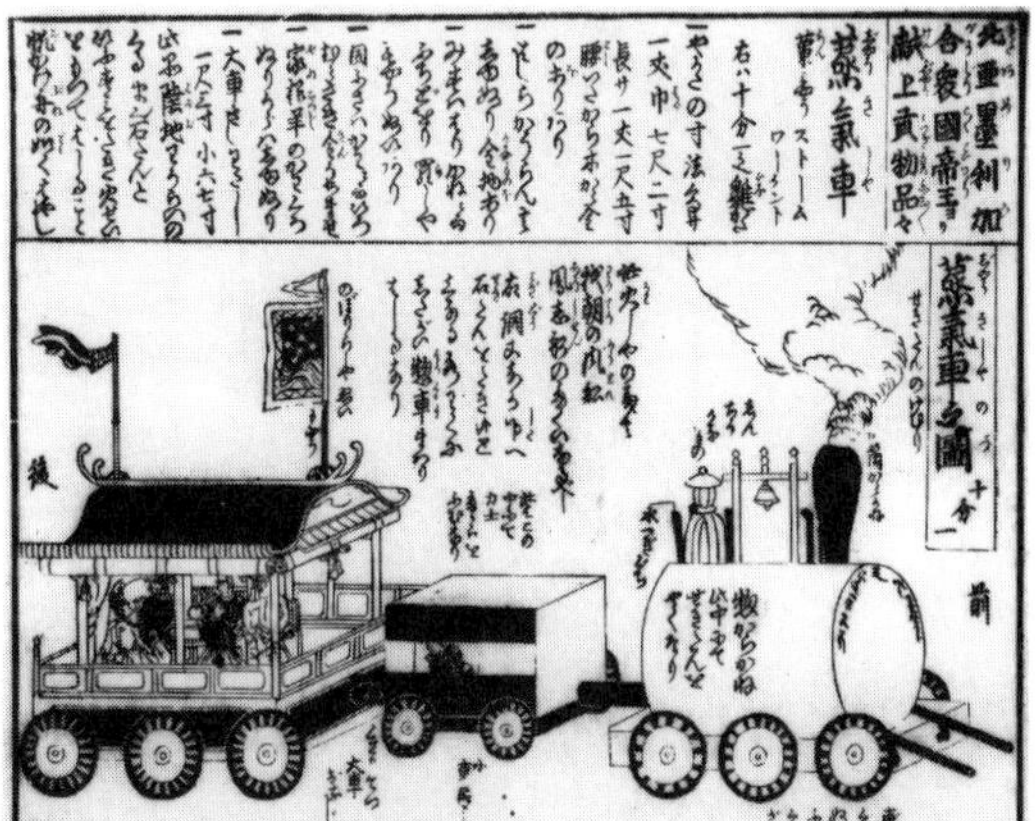

贈り物の蒸汽車模型を描いた瓦版（横浜開港資料館蔵）

【意　訳】

二月二十一日、外国船が一艘新たにやって来ました。

一、二十二日、外国船が二艘伊豆下田に向けて出帆しました。また、将軍の持ち船の天一丸が神奈川宿の沖から横浜村の沖にやって来て、再び戻りました。この船は、応接がある時はいつも横浜村の沖にやって来ます。

一、二十三日に蒸汽車の組み立てと線路の敷設が終わり、蒸汽車の運転が始まりました。蒸汽車の仕組みは蒸汽船と同じです。先頭の車には大筒のようなものがあり、銅の壺のようです。中は二つに仕切られています。車の中で火を燃やし、左右に湯があります。湯を沸かす所と大きな車が結ばれています。湯を吸い上げて下へ落とし、ぜんまいの仕掛のようなものを勢いよく回します。大筒のようなものの上には「煙箱」と呼ばれるものがあります。次に風鈴のようなものは湯が沸騰していることを知るためのもの、蒸気を吸うための筒もあります。後の車には焼いた木や石炭を置き、中に水を入れる仕掛になっています。その後の車には人が乗ります。

【解　説】

一七八頁に掲載した日記の原文は横浜貿易新聞から再録したものではない。というのは明治三十二年（一八九九）九月上旬に刊行された横浜貿易新聞が数回にわたって所在が分からないためである。

そこで、ここでは横浜開港資料館が所蔵する日記の写本を利用して「亜墨理駕船渡来日記」を復元した。日記の写本については、これまでも多くの研究者が注目してきた。たとえば、著名な郷土史家であった石野瑛氏は「武相叢書《そうしょ》」の中で「亜墨理駕船渡来日記」の写本を紹介された。この写本と横浜貿易新聞に掲載された日記の原本とを比較すると、新聞に掲載された原本の方に詳しい記述が多い。

これは、原本から写本を作成する際に、写した人が不必要と考えた部分を省略したためと考えられる。また、写本には原本にはない記述が加えられていることもある。しかし、写本は原本をかなり忠実に写しており、新聞の所在が分からない現状では写本を掲載するしかない。

ところで、一七八頁に掲載した日記には嘉永七年（一八五四）二月二十一日に艦隊に一艘の船が加わったこと、翌日に二艘の軍艦が下田に向けて出帆したことが記されている。この時、東京湾に到着したのはサブライ号であり、出帆したのはサザンプトン号とヴァンダリアン号の二艘であった。日記には日付も船の数も正確な情報が記され、著者がペリー艦隊の動向に強い関心を持っていたことが分かる。

また、二十三日の記事には汽車模型の試運転が横浜村でおこなわれたことが記されている。著者は試運転の様子や汽車の構造を克明に記しており、もしかすると試運転を間近に見る機会があったのかもしれない。

汽車模型の試運転については、ペリー側の記録にも記述があり、日本人が百メートルの円形の線路を疾走する汽車に大喜びしたとある。また、客車は六歳の子供も入れないほどの小さなものであったが、日本人たちは客車の上にまたがり、歓声をあげたと記されている。

著者は冷静にこうした光景を眺めたようである。

35

電信　驚きが原動力生み

【原　文】

一、廿四日、御奉行伊沢美作守様へ根岸村よりも御用船二艘ならびに水主拾八人差出置き候に付、水主へ用談に付、横浜応接場へ罷り出、蒸気車ならびに献上物拝見いたし候。同日、蒸気車興業、外に先達て場所出来これあり候雷電伝信機、此書様は天連関理府興業これあり。其荒増の図左の通り（伝信機の図略）。テレカラフの制度も図の如く杉柱を廿間計りの間に立て、柱の先に瓢箪のごときギヤマンのつぼを逆に柱に差し、其つぼに針金を巻き、一つ一つ同断にす。巻留の針金を別に大柱を立て、其柱に留針金を下へ引き下げて土中へ埋め、土中より引き出し上の仕掛けへ先のつぼの針金と一同にいたし、用事等これあり候はば細き紙に書き、右のぜんまい仕掛け台の上にちょっと出たる半鐘のイボの如き物を指にて推す。中のふんどう下がる故、ぜんまい廻る。紙を右のぜんまいへ巻き込み、針金へ気息通じ響く。先方にて用事ある事を知る。台の上のイボを推す。ふんどう下がる。左より右へぜんまいにて紙を巻き出す。文字有用便自在。十里・廿里、針金の及ぶ処理同じ。

一、廿五日、浦御触書

一、神奈川沖滞留の異船の内、蒸気船一艘、明廿六日明け六ツ時頃出帆。亜美理駕本国へ帰帆いたし候間、右の趣洩れざる様相触れ申すべくもの也。

寅二月廿五日

美作

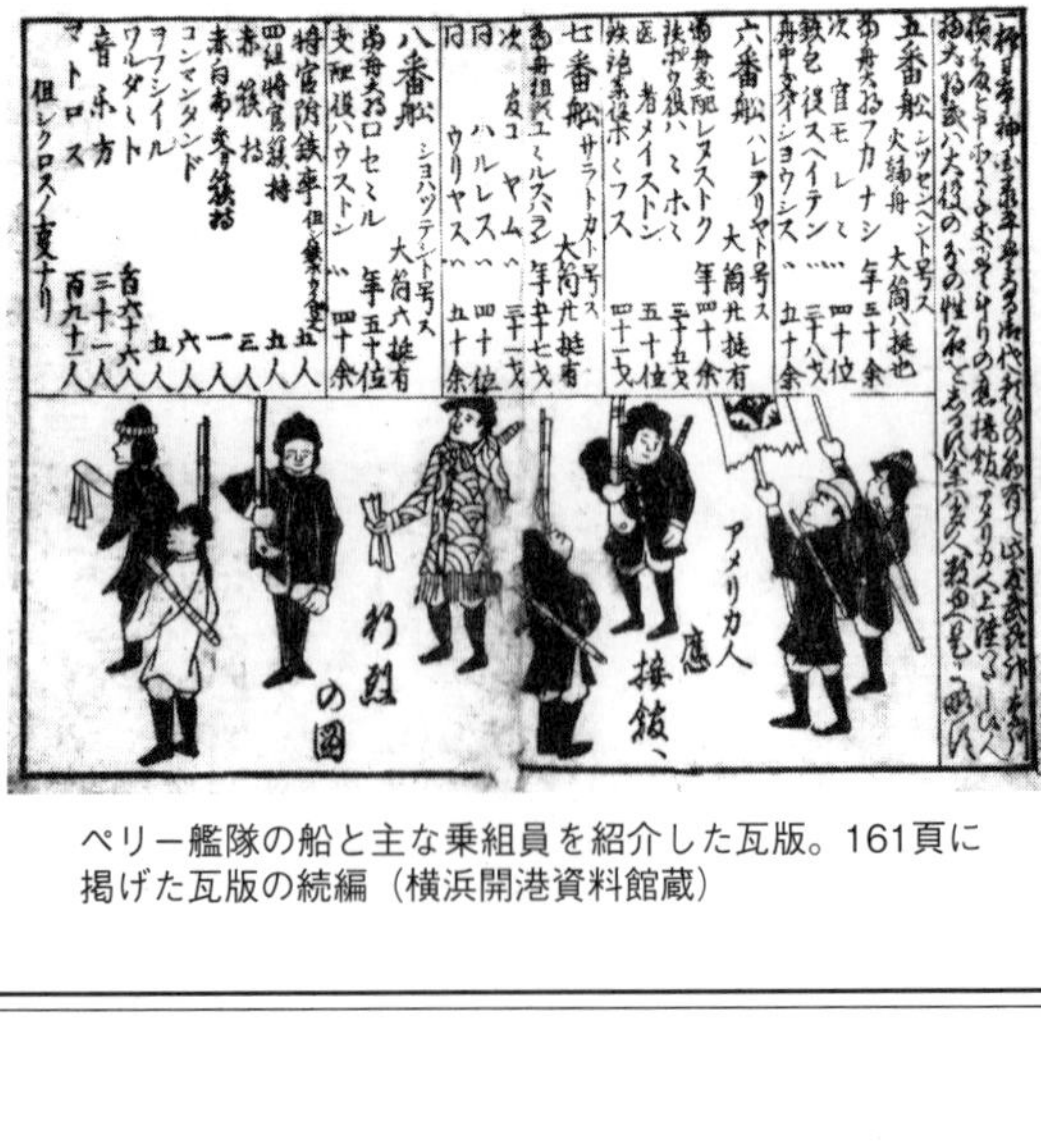

ペリー艦隊の船と主な乗組員を紹介した瓦版。161頁に掲げた瓦版の続編（横浜開港資料館蔵）

【意　訳】

一、二月二十四日に浦賀奉行の伊沢美作守《いざわみまさかのかみ》が根岸村に船と船頭十八人を提供するようにと命令しました。その件で横浜村へ出向き、蒸汽車や献上品を拝見しました。この時、蒸汽車の運転と電信機の実験がありました。電信機の実験場には、杉柱が何本も立てられ、柱の先には瓢箪《ひょうたん》の形をしたギヤマンの壺が逆さまに差してありました。壺には針金が巻かれ、最後の大きな柱から針金を土中におろしてあります。針金の先には仕掛があり、用事がある時は、仕掛の上にあるイボのようなものを指で押します。そうすると針金の中をなにかが通じ、先方では用事があったことを知ることができます。十里・二十里離れていても、針金さえあれば意思を伝えることができます。

一、二十五日に次の個条に示した内容の「御触《おふれ》」が浦賀奉行から出されました。

一、神奈川宿の沖に停泊していた外国船の内、一艘が明日アメリカ本国へ向けて出帆します。

【解　説】

二月二十四日には二回目の汽車模型の試運転と電信実験がおこなわれ、「亜墨理駕船渡来日記」は電信実験の様子を記録した。

日記によれば、実験場には柱が何本も立てられ、柱と柱の間には電線が張られたようである。電線の長さは約一キロメートルに達し、電線の一方の先には実験のための小屋が建てられた。また、もう一方の先は応接所に結ばれ、両地点を結んで電信が送られた。

ペリー艦隊の通訳ウィリアムズの記した記録には、実験に参加した日本人が通訳の手を借りて日本語の発音をアメリカ人に示したとあり、その言葉が送信されたようである。遠く離れた地点に一瞬にして言葉が送られたことを知った日本人は驚きの声をあげた。

ウィリアムズの記録には日本人が電信機の構造までは理解しなかったものの、おおその概念は分かったようだと記されている。また、「亜墨理駕船渡来日記」にも電信の送信される様子が詳しく記され、著者は冷静に電信機を観察したようである。

これらの記述を見る限り、多くの日本人は「文明の利器」に驚きながらも素直に受け入れたようである。その後、電信は日本人の暮らしに不可欠なものになっていったが、電信と出合った時の素朴な驚きが電信を実用化させようとする原動力になったのかもしれない。

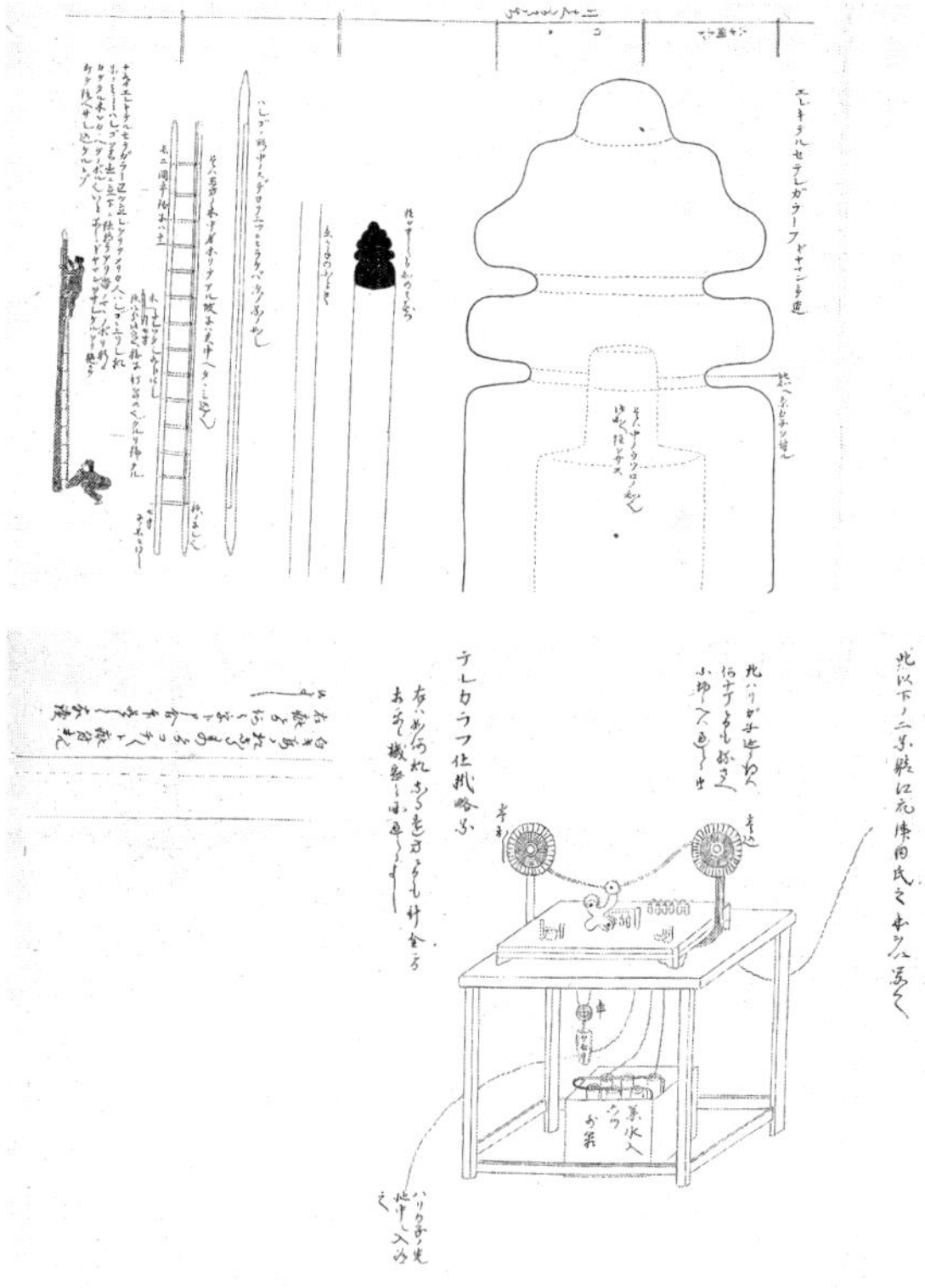

ペリーが持参した電信機。写実的に描かれている(横浜開港資料館蔵「黒船絵巻」から)

ところで、日本が電信の実用化に向けて動きだしたのは、慶応二年（一八六六）のことで、来日したフランス使節が日本の近代化には電信が必要であると述べてからのことであった。また、このころ、アメリカ公使も電信の敷設を幕府に勧めている。

さらに、慶応三年（一八六七）には江戸と横浜に住む二人の日本人が両地点を電信で結ぶことを計画している。残念ながら、これらの計画は実現しなかったが、電信はペリー来航後、十数年で驚くべきものではなくなった。

最終的に明治政府の手によって電信が実用化されたのは明治二年（一八六九）八月のことで、横浜の灯明台役所から横浜裁判所（現在の神奈川県庁に相当する役所）まで実験用の電線が張られている。

さらに、翌月には横浜裁判所内に伝信機役所が設置され、この役所が中心となって横浜と東京を結ぶ電信の架設工事が開始された。

こうして横浜・東京間の電信が始まり、開業後三カ月で三千通もの電報が送られることになった。ペリー来航後の日本の近代化は極めて早いものであった。

36 力士 楽々と米俵を運ぶ

【原　文】

一、廿六日、応接異人凡四百人計り上陸す。行列は先々の通り。但し、今日ははやし方二組也。御固向きは先々の通り。且、今日は江川太郎左衛門様御手付役人衆拾人袴・羽織一対にして御越しこれあり候。異人より献上物納め候。御公儀様より下され物等、両方目録納め渡しこれあり。異人へ下されもの品、蒔絵長持九棹に入る。江戸表より持ち来る。外に玄米二百俵、但し五斗入り。右の米応接場積みにこれあり候を江戸力士九十三人横浜へ来り、一人にて米二俵宛かつぎ異人へ渡す。右の俵、異人共取扱い兼ねる。其内一人俵共に水中へ沈み申し候。暫くして這い出す。右故、村人足にて積み入れ渡す。それより米渡しの跡にて力士土俵の曲持いたし、又、幕の中にて相撲の地取。それより雷電伝信機興業。応接場の裏にて蒸気車興業。異人へ饗応これあり候得共これを略す。

同日、力士九十三人の名前左の通り。

雷権太夫・境川浪右衛門・追手風喜太郎・伊

勢海村右衛門・待乳山猪之丞・玉垣額之助・富士島甚助・二子山要右衛門・根岸治右衛門

右九人年寄。

鏡岩浜之助・小柳常吉・猪王山守右衛門・常山五郎治・雲龍友吉・階嶽龍右衛門・荒岩亀之丞・荒熊力之助・荒馬吉五郎・君ケ嶽助三郎・六ツ峰岩之助・雲早山鉄之助・黒岩重太郎・響灘音吉・象ケ鼻灘五郎・一力長五郎・御用木雲右衛門・宝川石五郎・谷嵐市蔵・黒崎作吉・和田ケ原甚四郎・弥高山鉄之助・荒鹿幸之助・完ケ峰五郎吉・馬越山谷五郎・三ツ海茂八・勢見山粂八・立田野吉蔵・仮名頭粂吉・氷室山市五郎・大見崎大五郎・鬼ケ崎勝五郎・大浜喜太郎・大蛇潟浪五郎・朝日野松五郎・九紋龍平吉・所縁山治郎吉・男山軍吉・三吉山作吉・沖ノ浜勝蔵・明石潟浪五郎・松ケ枝喜三郎・殿峰五郎・登龍山米蔵・御所浦平太夫・立神市五郎・勝時米蔵・武者崎利介・三ツ浜政吉・岩ケ峰岩吉・雷ノ音平五郎・高根石力蔵・都山万吉・五人張松次郎・白真弓肥太右衛門・勢伊勢松・西国竹松・浪ノ平万吉・新川音吉・角田川平吉・三浦潟福松・大角大蔵・星楽栄吉・朝日川金蔵・西嵐三吉・象ケ峰辰吉・朝川平吉・香取潟卯八・白瀧三次郎・白籏林蔵・浜渡り熊吉・叶山福松・大の潟熊吉・竹山荒吉・鹿島潟松蔵・金鱗吉蔵・綴潟民蔵・御用松福松・大崎大八・立岩金太

関取並びに年寄迄、惣人数〆九拾三人。

【意　訳】

一、二月二十六日に外国人が四百人ばかり上陸しました。行列は先日の上陸と同様のものでしたが、今日は楽隊が二組でした。今日、日本側の警備も先日の通りです。伊豆の韮山に代官所を持つ江川太郎左衛門様の配下の役人たちが十人やって来ました。また、ペリーからの献上品と幕府からの贈り物の目録が交換されました。幕府の贈り物の中には米二百俵があり、この米俵を九十三人の力士が運んでみせました。一人で二俵を持ってみせましたが、外国人にはとても持てるものではありませんでした。米俵の運搬が終わった後、力士たちがさまざまな演技を披露しました。

（横浜にやって来た力士の名前については原文を参照）

【解　説】

嘉永七年（一八五四）二月二十六日、横浜村において第三回日米会談が開催された。この日の「亜墨理駕船渡来日記」は会談について触れていないが、会談は下田と箱館の開港を確認して簡単に終了した。

その後、先にペリー側から贈呈された贈り物の返礼として日本側から大統領をはじめペリー以下に答礼品の授与がおこなわれた。

その際、日本側が用意したアトラクションとして力士に贈り物の米俵を運ばせる余興が披露された。こうした余興は早くから計画されたといわれ、一月二十四日には江戸町奉行所が相撲年寄総代の追手風と玉垣に力士を派遣するように依頼している。

幕府の意図は、外国人に力士を見せ、日本人にも力持ちがいることを見せつけることであったが、実際に乗組員は驚きの目を見張った。力士たちは、米俵を二俵ずつ運び、時には一俵の米俵を抱えたままとんぼ返りをしたと伝えられている。米俵一俵の重さは約六十キログラムであるから、楽々と米俵を運ぶ力士の姿は壮観である。

米俵を運ぶ力士を描いた瓦版（横浜開港資料館蔵）

ところで、「亜墨理駕船渡来日記」には、この時、江戸からやって来た力士と年寄が九十三人であったと記している。また、九人の年寄と八十人の力士の名前を掲載している。力士の人数については、もう少し多い人数を記した記録もあるが、百人近い力士が動員されたことは間違いない。

米俵を運んだ後、相撲の取組も披露され、乗組員と相撲を取った力士もいたようである。いずれにしても、日米会談の際のほほえましいひとこまである。

37 贈り物 西洋文化を教える

【原　文】

亜美理駕人より御公儀並諸御役人へ献上品物

目録

君王へ

一、小火輪車格式、連煤炭架連路　全副

一、雷電伝信機、一副、連銅線

一、銅保命小艇、一隻、頭尾有気箱不能沈水

一、銅小艇、一隻、能遇大浪不妨沈水以保命

一、極妙花紅絨、十九尺長

一、玻璃銀蓋首飾箱、一箱

一、亜美理駕各処林禽図伝、

此図写同生物同大共成九部

一、亜美理駕嫋約省土産図伝各処林禽図伝

一、亜美理駕大合衆国大会館史

一、亜美理駕嫋約省大小会館日記

一、亜美理駕嫋約省律例

一、亜美理駕海浜埠頭地図

一、農政、二巻

一、亜美理駕開国史記、四巻

一、建造光楼譜、二本

一、亜美理駕各信館名、一本

一、倣火輪機法則、一本

一、亜美理駕嫋約省書院之書名

一、鉄火爐、一個
一、千里鏡連架、一箱
一、亜美理駕数省地理図
一、亜美理駕天坪量計司碼各器
一、鎗、五管
一、兵丁鎗、三管
一、馬甲鎗、十三口
一、炮手刀、六口
一、小手鎗、二十管
一、過山鎗、一管
一、信袋二個、連鎖合此袋国駅寄信用
一、香鹸香水胭脂等料
一、亜美理駕白酒、一桶
一、三鞭酒、一箱
一、金楼香酒、一箱
一、香白酒、一箱

一、頂上香茶、三箱
一、農夫各器具数目別開

皇后、此三物献
一、描金玻璃粧飾箱、一個
一、香鹸香水胭脂牙粉等料
一、繍花閃緞、一疋

此品物呈阿部伊勢守様
一、墨西国戦場之図伝
一、六響手鎗、六管、別に兼火薬一桶
一、亜美理駕白酒、小桶一
一、三鞭酒、一箱
一、香鹸香水等物、二十四件
一、大時辰鐘、一個
一、大鳥鎗、一管

一、鉄火爐、一個、能焼石炭及柴
一、頂上花紅絨、一疋
一、頂上香茶、三箱
一、馬甲剣、一口
一、保命銅小艇、一隻

左ノ品呈牧野備前守様
一、亜美理駕開国毎々戦場図伝、二本
一、亜美理駕嫋約省博物院各物名土人衣服図
一、亜美理駕嫋約省客楼一間画図、一幅
一、時辰鐘、一個
一、響手鎗、一管
一、香鹸香水等物、十二件
一、馬甲剣、一管
一、亜美理駕白酒、一桶

左品呈松平和泉守様
一、学建宮廟法則図、一本
一、華盛敦京図、一幅、別に有街道図、一幅
一、時辰鐘、一個
一、馬甲剣、一口
一、鳥鎗、一管
一、六響手鎗、一管
一、香鹸香水等物、十二件
一、亜美理駕白酒、一桶

【解説】

「亜墨理駕船渡来日記」は二月十五日に横浜村に陸揚げされたペリーの贈り物の目録を二月二十六日の記述の後に掲載した。悪天候の中、横浜村に陸揚げされた贈り物は大量で、二十七艘ものボートで運ばれたといわれている。

贈り物の内容については、アメリカ側から目録が日本側の林大学頭《だいがくのかみ》に渡され、その後、この目録は翻訳された後、広く人々に知られることになった。日記の著者も目録を入手し、日記の中に収録した。

贈り物の中には汽車の模型や電信機、ライフル銃などの兵器、香水や酒、海図や図書など、アメリカのさまざまな文物が含まれていた。

初めて接する西洋の品々に人々が好奇の目を見張ったことは間違いなく、著者もその一人であった。

日記に収録された目録には、贈り先ごとに品物と数量が記載されている。その記述はかなり正確であり、やや煩雑ではあるが、目録を二回にわたって眺めてみたい。

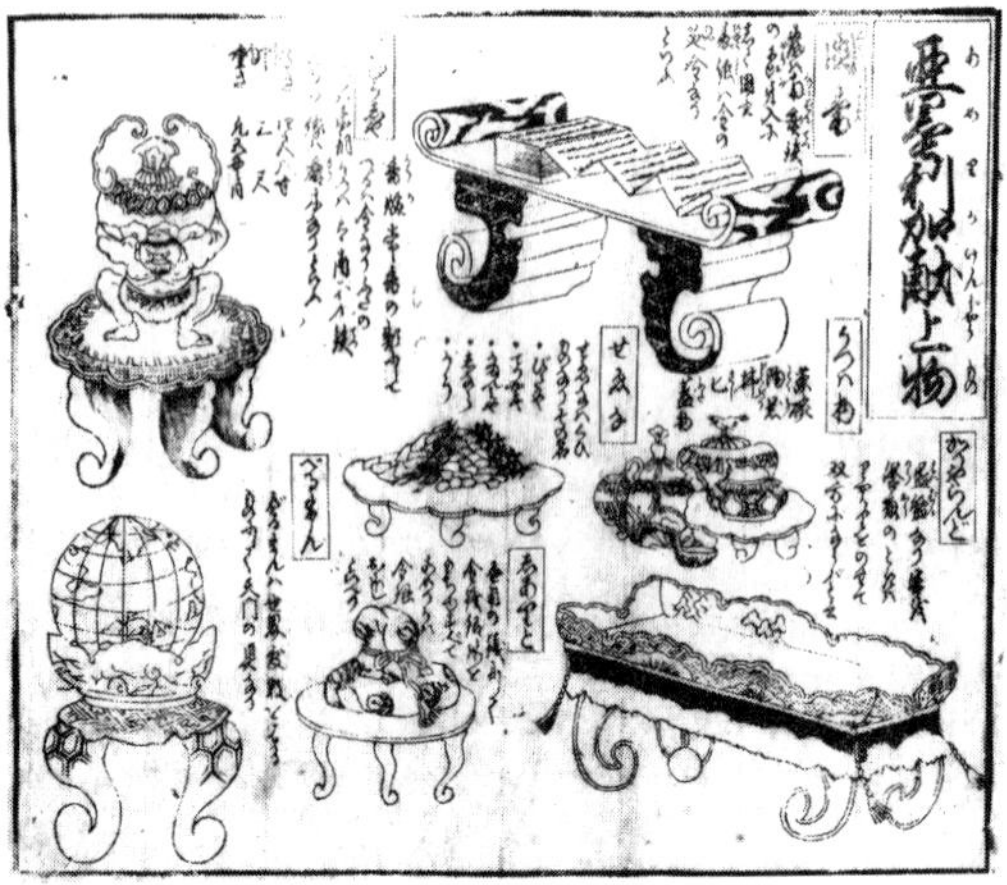

ペリーが持参した贈り物を描いた瓦版
(横浜開港資料館蔵)

目録の最初の部分には「献上品物目録」と記されている。次の行には「君王」とあり将軍への贈り物が列記され、次いで「皇后」(御台所)への贈り物が記されている。以下、老中の阿部伊勢守(福山藩主)、牧野備前守(長岡藩主)、松平和泉守(西尾藩主)への贈り物が列記された。

品物名については、西洋の文物を日本語に訳す際、かなり苦労した様子がうかがわれる。たとえば、将軍への贈り物に含まれる「小火輪車格式」とは汽車の模型のことであり、「銅保命小艇」とは救命ボートのことである。

また、将軍にはさまざまな図書も贈られ、アメリカ側の記録では、「アメリカ国会年鑑」や「アメリカ合衆国史」などが贈られたことが分かっている。

すべての本について日記の記述との照合ができるわけではないが、「亜美理駕嫋約省律例」は「ニューヨーク州法規ならびに文書」に、日記に記された「亜美理駕開国史記」は「アメリカ合衆国史」にあたる。

これに加えて、かなりの武器も贈られ、日記には鎗《やり》・兵丁鎗・馬甲鎗・小手鎗などが記されている。さらに、酒や香水などもあった。こうした文物が、どのように活用されたのかについては分からない点もあるが、いずれの品物も西洋社会のあり方を日本人に教えるものであった。

38 目録

本を眺めて何思う

【原 文】

左之品呈松平伊賀守様
一、亜美理駕嫋約省史記
一、大火輪船図、一幅
一、香鹸香水等物、十二件
一、時辰鐘、一個
一、大鳥鎗、一管
一、六響手鎗、一管
一、馬甲剣、一口
一、亜美理駕白酒、一桶

左之品呈久世大和守様
一、建造郷閭新屋法図
一、金山大埠画図、一幅
一、六響手鎗、一管
一、大鳥鎗、一管
一、馬甲剣、一口
一、時辰鐘、一個
一、亜美理駕白酒、小桶一

左之品呈内藤紀伊守様
一、美蘇打省土産図伝、二本
一、芍知敦村画図、一幅

一、時辰鐘、一個
一、六響手鎗、一管
一、鳥鎗、一管
一、亜美理駕白酒、小桶一
一、香鹸香水等物、九件

左之品呈林大学頭様
一、亜美理駕各処獣類図伝、五巻
一、瓷器茶器、大副一
一、頂上香茶、三箱
一、頂上花紅絨、一丈
一、六響手鎗、六管、別に兼火薬、一箱
一、大時辰鐘、一個
一、馬甲剣、一口
一、大鳥鎗、一枚
一、香鹸香水等物、二十四件

一、亜美理駕白酒、小桶一
一、三鞭酒、一箱
一、鉄火爐、一個、能焼石炭及柴

左之品呈井戸対馬守様
一、学校工芸各政、此書内能知各機之法
一、嫋阿連大埠画、一幅
一、香鹸香水等物、九件
一、亜美理駕白酒、小桶一
一、桜桃香酒、一箱
一、馬甲剣、一管
一、鳥鎗、一管
一、六響手鎗、六管
一、時辰鐘、一個

此物呈伊沢美作守

一、大火輪船図、一幅
一、保命小艇格式、一幅
一、亜美理駕白酒、一小桶
一、桜桃香酒、一桶
一、時辰鐘、一個
一、鳥鎗、一管
一、六響手鎗、一管
一、馬甲剣、一口
一、香鹸香水等物、九件

此物呈鵜殿民部少輔
一、桜桃香酒、一小桶
一、馬甲剣、一口
一、亜美理駕白酒、一小桶
一、香鹸香水等物、六件
一、六響手鎗、一管

贈り物について報じた瓦版。上の部分に贈り物の目録が記されている（横浜開港資料館蔵）

【解説】

「亜墨理駕船渡来日記」に収録された「献上品物目録」は長文のものであるが、二〇〇頁～二〇二頁で紹介した個所には老中やペリーとの会談に臨んだ日本側全権への贈り物が列記された。

記載方法は前の部分と同様であり、老中の松平伊賀守（上田藩主）・久世大和守（関宿藩主）・内藤紀伊守（村上藩主）への贈り物の後に日本側全権の林大学頭《だいがくのかみ》、江戸町奉行の井戸対馬守《つしまのかみ》、浦賀奉行の伊沢美作守《いざわみまさかのかみ》、目付の鵜殿民部《うどのみんぶ》少輔《しょうゆう》への贈り物が記された。

将軍への贈り物に比べれば数は少ないが、興味深い品物が列記されている。たとえば、松平伊賀守に対しては、「亜美理駕嫋約省史記」と「大火輪船図」が贈られているが、前者は「ニューヨーク州史記」と呼ばれる本であり、後者は蒸気船を描いた石版画であった。

また、久世大和守にはダウニング著「田園大邸宅建築法（原文は建造郷閭新屋法図）」という本が、内藤紀伊守にはオーウェン著「ミネソタ州地質誌（原文は美蘇打省土産図伝）」という本が、井戸対馬守には「アップルトン工業事典（原文は学校工芸各政）」という本がそれぞれ贈られた。

本を贈られた大名や旗本が本を眺めて、なにを感じたのか、直接尋ねてみたいような気持ちもする。また、「時辰鏡」は時計のこと、「白酒」はウイスキーのこと、「三鞭酒」はシャンパンのことである。

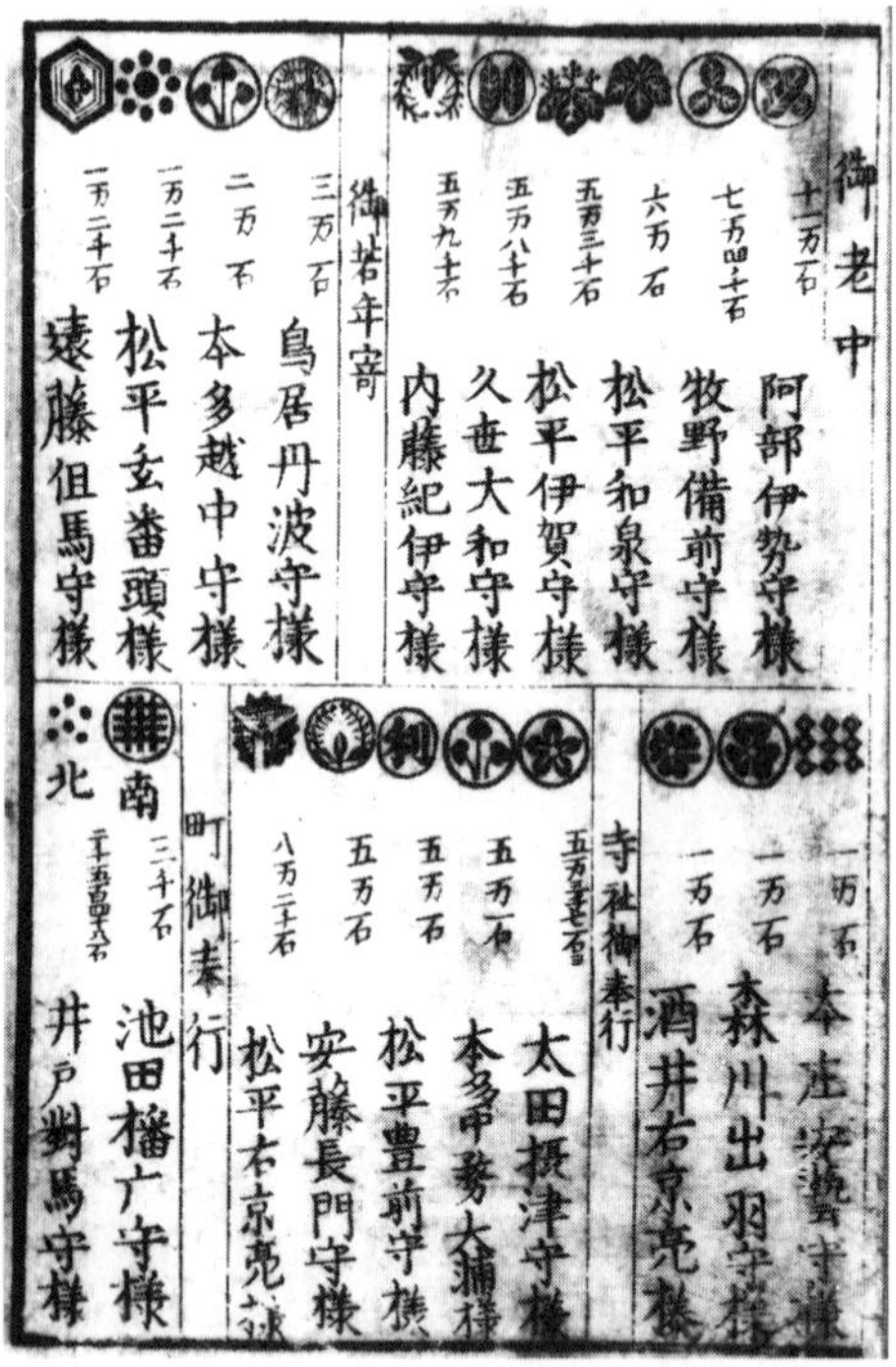
御老中
十一万石 阿部伊勢守様
七万四千石 牧野備前守様
六万石 松平和泉守様
五万三千石 松平伊賀守様
五万八千石 久世大和守様
五万九千石 内藤紀伊守様

御若年寄
三万石 鳥居丹波守様
二万石 本多越中守様
一万二千石 松平玄蕃頭様
一万二千石 遠藤但馬守様

一万石 本庄安芸守様
一万石 森川出羽守様
一万石 酒井右京亮様

寺社御奉行
五万三千七百石 太田摂津守様
五万一石 本多中務大輔様
五万石 松平豊前守様
五万石 安藤長門守様
八万二千石 松平右京亮様

町御奉行
南 三千石 池田播磨守様
北 二千五百四十六石 井戸対馬守様

ペリーとの応接にかかわった人物を書き上げた瓦版。贈り物を受け取った老中の名前が記されている（横浜開港資料館蔵）

39 絹織物 日本の工業化予言

【原　文】

日本公朝及諸府酬投亜美理駕人
大統領
一、硯筐、一副
一、紙筐、一副
一、書棚、一架
一、銀花銅牛香爐（卓付）、一座
一、香合硯筐、一具
一、挿花筒（卓付）、一具
一、煖爐、二個

一、紅光絹、十疋
一、素光絹、十疋
一、花縮紗、十疋
一、紅纈縮紗、五疋
使節
一、硯筐、一副
一、紙筐、一副
一、紅光絹、三疋
一、素光絹、二疋
一、花縮紗、二疋

一、紅縐縮紗、三疋

アダムス

一、紅素光絹、三疋

一、紅縐縮紗、二疋

一、漆塗椀、二十副

ポットメン

一、紅素光絹、二疋

一、紅縐縐紗、二疋

一、漆塗椀、二十副

ウイリヤムス

一、紅素光絹、二疋

一、紅縐縐紗、二疋

一、漆塗椀、二十副

ネエルリ

一、紅素光絹、二疋

一、紅縐縐紗、二疋

一、漆塗椀、二十副

蒸気車・テレガラフ其外諸工匠五人

一、紅縐縐紗、一疋宛

一、漆塗椀、二十副宛

乗船惣人数

一、米、二百苞

一、鶏鶩、三百

進物目録

阿部伊勢守

一、柳條峡絹、十五疋
牧野備前守
一、柳條峡絹、十五疋
松平和泉守
一、柳條峡絹、十五疋
松平伊賀守
一、柳條峡絹、十五疋
久世大和守
一、柳條峡絹、十五疋
内藤紀伊守
一、柳條峡絹、十五疋

差送目録

林大学頭
一、硯筐、一副
一、紙筐、一副

一、濃州紙、一箱
一、五彩箋、一箱
一、彩画折簡紙、五箱
一、珊瑚藻、一箱
一、携盆、一箱
一、三套酒盃、一箱
一、呑水螺、螺盃
井戸対馬守
一、両傘、二十柄二箱
一、稷箒、三十本一箱
伊沢美作守
一、紅綾、一段
一、素綾、一段
一、人勝、十三箇八箱

一、織竹各器、一箱
一、竹机、二脚二箱

鵜殿民部少輔
一、柳條縐紗、三段
一、瓷椀、二十箇
一、醤油、一箱

松崎清太郎
一、瓷盞、三箱
一、花紋席、一箱
一、櫟炭、三十五苞
以上

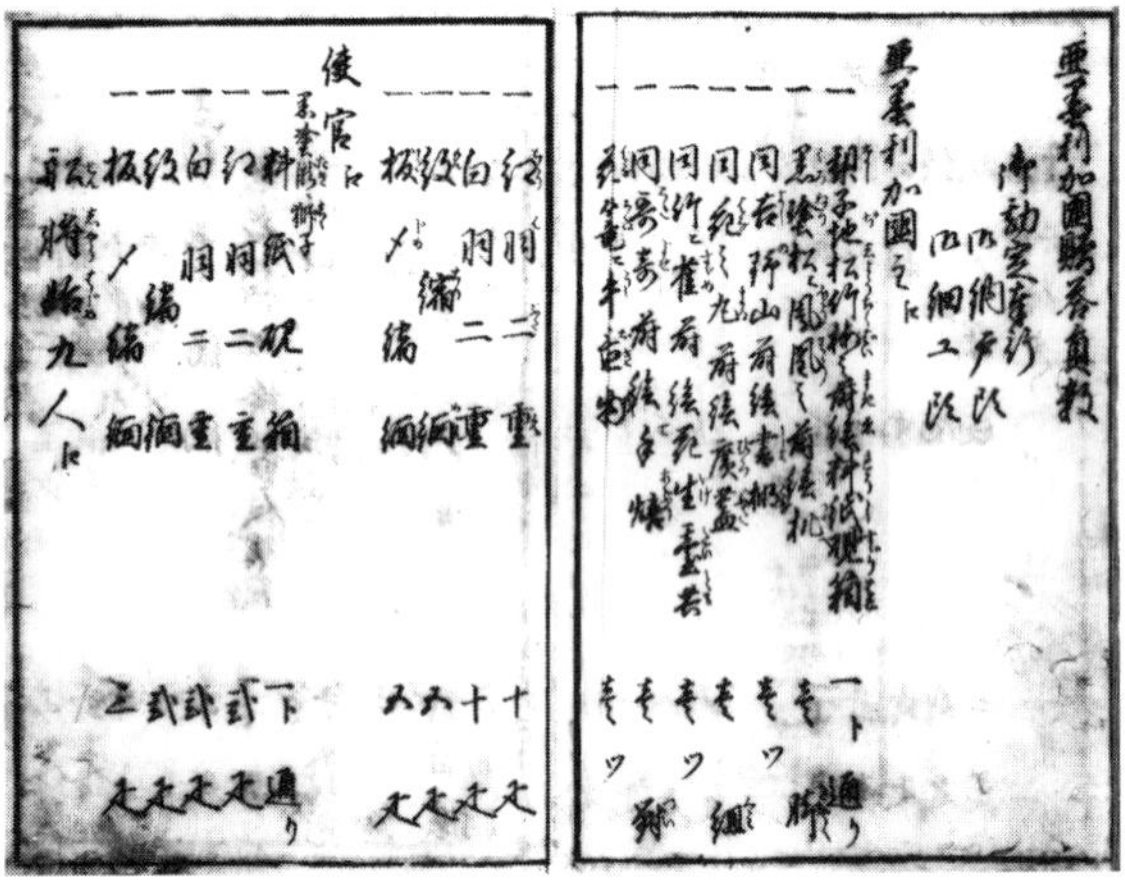

幕府の贈り物を記した瓦版（横浜開港資料館蔵）

【解　説】

「亜墨理駕船渡来日記」は「献上品物目録」の後に、日本側がアメリカ大統領とペリー一行に贈った品物の目録を掲載している。

日本側が贈り物を贈ったのは二月二十六日のことで、この日の正午に横浜村に上陸したペリーに対し、四人の日本側の外交団が贈り物を披露した。

贈り物は応接所の中に置かれ、ウィリアムズの日記によれば、畳の上に贈り物が並べられたようである。ウィリアムズは、漆器や絹織物の美しさに驚嘆したと記しており、高い技術を持った日本人の手先の器用さに驚いたようである。

「亜墨理駕船渡来日記」によれば、幕府から大統領・ペリー・参謀長アダムスらに贈り物が贈られたほか、老中の阿部や牧野からも贈り物が渡された。

大統領には硯《すずり》箱や紙箱、書棚や香炉、さまざまな織物が贈られた。ペリーに対しても同様の品物が贈られ、アダムスら主要な乗組員には絹織物を中心にさまざまな品物が贈呈された。

ペリー艦隊の参謀長アダムスを描いた瓦版（横浜開港資料館蔵）

漆器や絹織物は、日本を代表する工芸品として明治時代以降も世界中から注目された商品であり、ペリー一行も日本人の高い技術に驚いたと思われる。

ペリー艦隊の日本遠征公式記録である「ペリー艦隊日本遠征記」には日本人の卓越した技巧に驚いたペリーの言葉が収録されている。

この言葉は、日本の工業化を予言したもので、ペリーは日本人の好奇心と進取性に注目し、日本が開国すれば「日本人の技術はすぐに世界水準にまで達し、やがて日本が西洋諸国の強力な競争相手になる」と述べている。

こうした発言の背景には、ペリーがすぐれた日本の工芸品を見たことがあったのかもしれない。ペリーの予言は、やがて実現していくが、実際に日本が西洋の技術を導入する際、江戸時代までの伝統的な手工業の技術が寄与する点があったことは間違いない。

40 歴史 親密な関係求めて

【原　文】

二十六日、応接の序に異人言上の聞書き亜美理駕大合衆国の使節補任アダム謹んで申し述ぶ。本国に於て統領始め満朝の諸臣会評の上、今般渡来仕り候は交易の一儀のみにあらず。元来、本国貴国と信交を取り結ばんがためなり。其子細は合衆国は近来新起独立の国にして政治閑静を専一と仕り候処、今より十余年前、英吉利国より襲来、其地過半侵掠せられ君臣窮途の哭をなし、人民流離の憂いを抱くの処、王の親族中にペロリと申す者これあり。此者仔細ありて少年の時より海島の中に荒投す。此者配所に於て韜略に心を委ね、終に両亜美理駕、欧邏巴三国無双の英名、其聞えこれあり。王の赦免を得て帰洛仕り、諸臣と謀り軍艦・兵器を調練し奇策を以って英賊の侵地残らず引返し申し候。其節、英賊と対戦要意のため軍艦・兵器数多貯え候のみにて開国已来、自分より兵を出し候儀これなく候。右は今般、献呈仕り候亜墨理駕地理の図伝、開国毎戦場の図伝、其外、絵図面を以って英亜接戦伝記等、外其節用い候軍艦・兵器残らず御覧に入れ候。聖人にあらざるの外、外憂なき時は必ず内憂あり。英吉利州の外憂もこれなく、自然と君臣閑を偸み内心怠慢を生じ申し候。其処を窺い近来魯西耶の賊時々辺境に至る。此を以って西隣日本と通じ信交を取り結び双方利益を得んと欲す。輔車相馮る唇亡びば歯寒からんと日本貴国君臣の知る処なり。右に付、昨丑の年より国書を以って渡来数度、応接和約調い、尚又、豆州沖八丈島の南、無人島の東南の島開発中、下田港にて薪水交易これある由承知仕り候。右の儀に候得ば貴国接戦仕り候筋これなく候得共、近年、英国の大敵に切勝ち習性の輩は動もすれば軍議に及び、ブカナンと小臣、実に心配仕り候処、種々申し諭し今朝ブカナン同船にて右の族は残らず本国へ帰帆仕り候。右の趣に付、最早事違いの儀は決して御座なく候。国王海岸の御固め御厳重の由無用に候、引き掃い然るべくと存じ候。斯く申し候得ば詐辯を以って海岸の固めを引かせ、其処に乗じ飛道具にて不意に襲い申し候抔心配無用に候。合戦仕り候程に候得ば海陸の円満には恐れず直様王城へ乗り込み金城湯池も砲煙中の蜃楼と償却仕候儀は反掌よりも尚易し。来年、下田港へ参り候ても御固め抔無用に候。尚又、応接小屋小切組等残らず持参仕るべく候。臨事柔訥宜しからず。

【意　訳】

二月二十六日にペリー艦隊参謀長のアダムスが幕府に伝えた話を記録します。

アメリカ合衆国の使節の一人であるアダムスが謹んで申しあげます。今般、我々が渡来した理由は交易がしたかったからだけではありません。アメリカと日本が親密な関係を作り上げたかったからにほかなりません。アメリカは近年独立したばかりの国であり、今から十数年前にはイギリスに土地の過半を略奪されるような国でした。国民は、そうした状況を深く心配していましたが、ペリーという人物が軍艦や兵器を整え、イギリスから土地を取り返しました。ただし、その時、イギリスと戦うために軍艦や兵器を準備しましたが、アメリカから戦争を仕掛けたことはありません。この点については、今回、贈り物として持参した本に記してあります。また、この時に整えた軍艦や兵器の絵も贈り物に入っています。ところで、この後、イギリスとの問題は解消しましたが、今度はロシアがアメリカを狙ってきました。そのため、アメリカの西に位置する日本と国交を結び、共同してロシアに対処したいと考えたわけです。こうして、日本に国書を送ることになり、条約を締結することになりました。また、下田において薪や水をアメリカ船に提供することも決まり、日本とアメリカが戦端を開くことはなくなりましたが、乗組員の中には日本を武力で圧倒せよと主張する者もいました。こうした人々はアメリカへ送り返しました。したがって幕府が海岸の警備を強化する必要はなくなりました。このように話すと、警備を弱体化させた後に、不意に攻撃すると疑われるかもしれませんが、そのようなことは、決してありません。

【解説】

「亜墨理駕船渡来日記」の著者は二月二十六日に乗組員からアメリカ合衆国の歴史と外交方針を聞いたと記している。その中で著者はアメリカがイギリスから独立したばかりの新しい国であること、独立後もイギリスとの対立が続いたことを記している。

また、イギリスとの戦争で、「ペロリ」という人物が活躍したと報じている。日記には「ペロリ」が活躍した時期が今から「十余年前」としか記してないため、人物を特定できない。しかし、おそらくペリーの父クリストファーかペリー自身のことを紹介したと思われる。

日記に紹介された「ペロリ」が父のことであるならば、戦争はイギリスからの独立戦争であり、ペリー自身のことであるならば、戦争は一八一二年から始まった対英戦

ペリーを描いた瓦版
（横浜開港資料館蔵）

争のことになる。

ちなみに、ペリーは一七九四年生まれであり、わずか十四歳で海軍に入っている。その後の軍歴は輝かしいものであり、北アフリカやロシアなど世界各地を海軍将校として回っている。

また、メキシコとの戦争にも従軍し、ペリーはアメリカ合衆国が近代国家として成長していく過程を軍人として支え続けた。ペリーが亡くなったのは一八五八年であったが、日本遠征は軍人としての最後の大仕事であった。

41 小笠原 領有権めぐる争い

【原　文】

一、廿七日、今日天気快晴。異人上陸多し。其内、上官は三人、平日の冠とは違い候。此人、亜美理駕国奥門の人の由、奥門と申す処は平日は冠なし。改め外へ出の時は筒様の冠仕り候由（この処、帽の図あり）。右の通りの外冠の種類なきしぞ。

今日、慶長金小判・元字金一分判元字砂金・文字一分二分金・保字判金改金五両遣わしこれある由、是は異人より昨日願いに付、五両判より以下の金拝領致したく望みに付、定めて国へ持ち参るなるべしと。右金子改め遣わし候処、其金子残らず日本の料理人に渡し、明後廿九日、御役人異船へ拝請の節、饗応入用いたし候様頼みぬ。

【意　訳】

一、二十七日、今日の天気は快晴です。今日は外国人がたくさん上陸しました。上官と思われる人が三人いましたが、これまでに見慣れた帽子とは違ったものをかぶっていました。

今日、幕府からペリーに日本の金貨（慶長金小判・元字金一分判など）が贈られました。これはペリー側からの要望に答えたもので、本国へ持ち帰ると思っていました。しかし、ペリー側は二十九日に開かれる宴会の材料調達費として日本人の料理人に渡してしまいました。

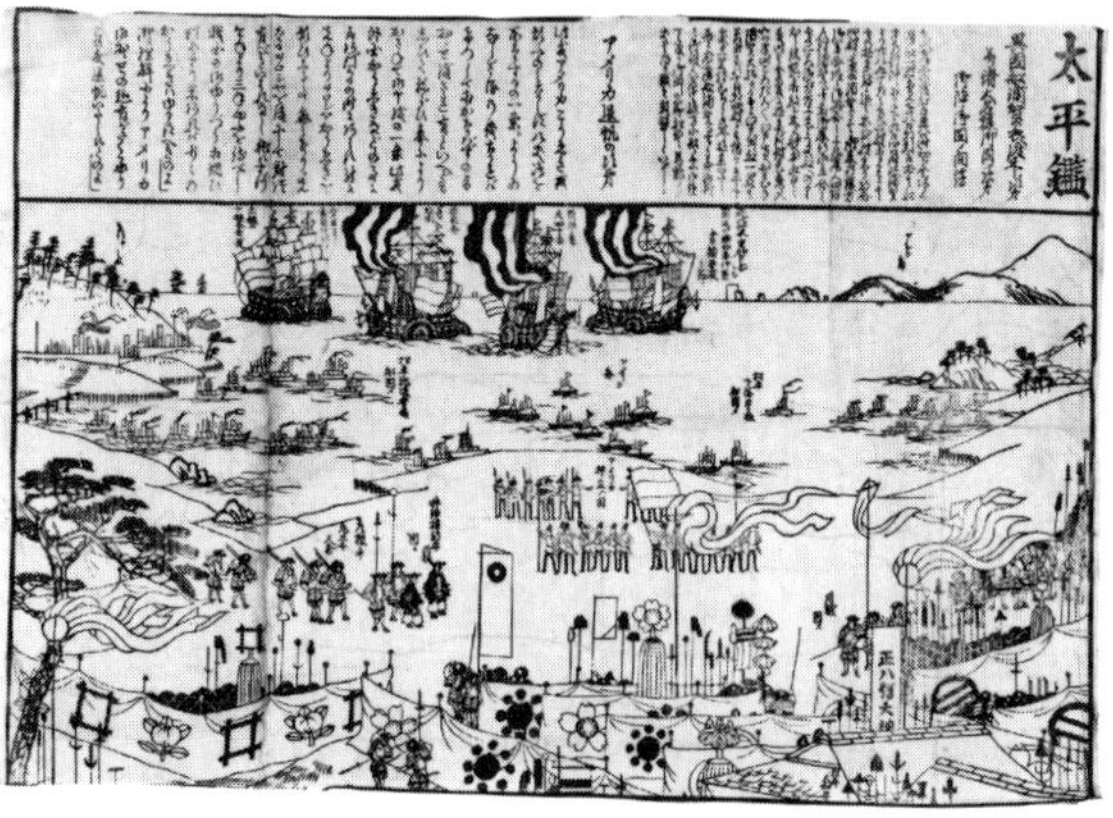

ペリー艦隊の第1回目の来航を描いた瓦版（横浜開港資料館蔵）

【解　説】

二一二頁に紹介した「亜墨理駕船渡来日記」の原文には、ペリーが八丈島の南にある島を開発していると記されている。この島とは小笠原諸島のことであり、日記はペリー艦隊の来航をきっかけにして、一般の日本人が小笠原諸島について知ったことを教えてくれる。

ペリーが小笠原諸島を訪れたのは嘉永六年（一八五三）五月のことで、日本遠征の途中に小笠原諸島に立ち寄っている。この時、ペリーはサスケハナ号に乗り、サラトガ号を従え父島の港に入っている。

当時、父島にはアメリカ人ナザニエル・サボリーら三十一人が住んでおり、彼らは頻繁に入港する捕鯨船に野菜や果物、豚肉などを供給した。

この島を訪れたペリーは、小笠原諸島がアメリカと中国を結ぶ航路上の寄港地として最適であることを確信し、この港を整備することを計画した。具体的にはサボリーから土地を購入し、将来、アメリカ海軍の石炭貯蔵庫を設置することにしたのである。

また、ペリーは石炭貯蔵庫用地の管理をサボリーに委託し、乗組員一人をサボリーの補助員として父島に常駐させた。

ペリーは、その後、那覇から海軍長官に小笠原諸島についての報告を提出しているが、その中で小笠原諸島を確保することは中国貿易で優位に立とうとしているイギリスに一矢をむくいることになると述べている。報告書は日本遠征の途中で西洋諸国の激しい国際競争があったことを伝えている。

ところで、小笠原諸島の領有権をめぐる争いは、長い歴史を持っている。そもそも小笠原諸島は十六世紀に小笠原貞頼によって発見され、その姓をとって島名としたと伝えられる。幕府による探検が行われたのは十七世紀後半に入ってからで、延宝三年（一六七五）に探検隊が送り込まれた。

また、享保十七年（一七二七）には貞頼の子孫と称する一族が幕府の許可を得て小笠原諸島に渡ったが、彼らは行方不明になってしまった。その後、十九世紀に入ると、西欧諸国の人々が同島を訪れるようになり、この島の帰属問題がしだいにクローズアップされるようになった。

最初に同島の領有を宣言したのはイギリスで、文政十年（一八二七）にブロッサム号船

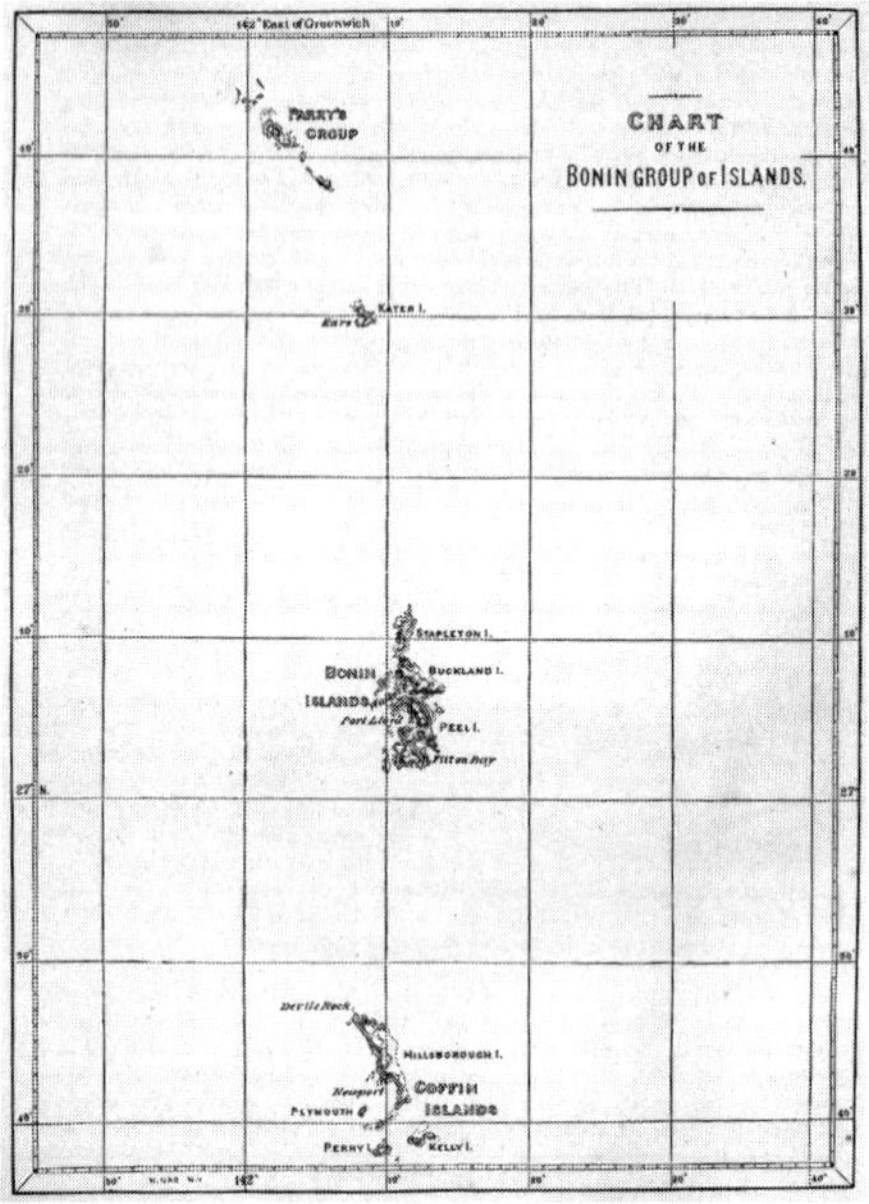

「ペリー艦隊日本遠征記」に収録された小笠原島の地図（横浜開港資料館蔵）

長のビーチがイギリス領であることを主張した。次いで、天保元年（一八三〇）にアメリカ人のナザニエル・サボリーが移住した。

こうして、同島の帰属問題は日本・アメリカ・イギリスを巻き込んで大きな国際問題に発展した。これに対し幕府は、横浜開港後の文久二年（一八六二）に外国奉行水野忠徳を父島に派遣して小笠原諸島が日本の領地であることを内外に宣言した。また、翌年には八丈島の住民を父島に移住させ、同島の開拓に従事させた。

こうして日本による小笠原諸島の支配が確立していった。最終的に同島に住んでいた外国人に小笠原諸島が日本の領土であることが伝えられたのは明治八年（一八七五）のことで、翌年、政府は同島を内務省の管轄に置くことになった。その後、彼ら外国人は順次日本に帰化している。

第二次世界大戦後、同島は米軍の軍政下に置かれ、本土に復帰したのは昭和四十三年のことであったが、複雑な島の歴史の出発点がペリー来航にあったことは間違いない。

42 招待 交渉の妥結を実感

【原　文】

一、廿八日、今日朝より天気曇り風激し。四ツ時より雨降り異人上陸なし。今朝、江戸近辺、大森・鈴ケ森・御林町・浜川を始めとして此より東海岸、南総北の備場固め人数引き揚い、公儀より異人へ日置流の鉄砲三挺望みに付、差し遣わさる。真田家砲術の名家に候得共、陳中の備え筒、又は応接日帰りの節、数々の鉄砲を見、異人途中にて時々改め見、心に叶い候や知らず。依って別に望み候由。

一、廿九日、今日天気曇り、風激し。異人一人も上陸なし。九ツ時分より神奈川出張り応接掛り御役人衆異船へ招かれ御越しこれあり。種々料理饗応す。残らず和物にして清浄に仕り候。異物一切出し申さず。八ツ半時分、大筒数多放し饗応す。今日の大筒も残らず一放四響の火薬なり（一放四響は秘伝あり）。

【意　訳】

一、二月二十八日、今日は朝から曇って風も激しく吹いていています。昼前に雨が降り、外国人も上陸しませんでした。今朝から警備陣の引き揚げが始まりました。また、幕府からペリーへ日置流の鉄砲が三挺《ちょう》贈呈されました。横浜の警備にあたった松代藩（真田家）が砲術の名家であったため、その鉄砲を見て鉄砲が欲しくなったのかとも思います。

一、二十九日も曇って風が激しく吹きました。今日も外国人は上陸しません。昼ごろ、幕府の「応接掛」の役人がペリー艦隊に招待されました。さまざまな料理で接待されたということです。その後、艦隊からは祝砲が発射されました。今日の祝砲も一発で四回響くものでした。

【解　説】

二月二十八日の「亜墨理駕船渡来日記」は日本側の警備陣が朝から続々と引き揚げていると記している。これは、「応接掛」（ペリーとの交渉担当）を務めた江戸町奉行の井戸対馬守が、近日中に交渉が終了することを幕府に報告したためであった。

報告を受けた幕府は、開戦することなく交渉は妥結するとして、各地に駐屯していた諸藩の軍勢に引き揚げることを命じた。

現在の横浜市中区では、本牧の警備にあたっていた鳥取藩が、応接場周辺では小倉藩と松代藩が藩兵を引き揚げ始めた。また、横浜から江戸にかけての地域では徳島藩や加賀藩、福井藩や桑名藩が、この時、警備を免除された。こうして、江戸湾沿岸地域の緊張感はしだいに薄らいでいった。

また、二十九日の日記は、「応接掛」の役人が艦隊に招待されたことを記している。この時のことについては、ペリー艦隊の通訳ウィリアムズの日記にも記述があり、旗艦ポーハタン号の甲板に約六十人分の席が用意され、食事がふるまわれた。

ウィリアムズの日記によれば、「応接掛」は最初、マセドニアン号に招待され、この船で大砲発射や装弾などを見学している。その後、礼砲に送られ、ポーハタン号に移り、後甲板でペリーの出迎えを受けた。

一行は艦内を案内され、機関室では蒸気機関の始動運転が公開された。一行の中には驚愕《きょうがく》のあまり狼狽《ろうばい》した様子を見せた者もあり、幕府高官も艦隊の機械の力に驚いたようである。

この日のために用意された料理は牛や羊の肉、魚や野菜を使ったもので、ペリー付の料理長が調理したと伝えられる。また、ワインやさまざまな酒もあり、酩酊《めいてい》した幕

ポーハタン号での饗応の様子（横浜開港資料館蔵「ペリー艦隊日本遠征記」から）

府の役人もいた。

さらに、ある記録は、残った料理を紙に包み、袖の中に入れて持ち帰った人がいたと記している。ペリーの饗応《きょうおう》は大成功に終わり、幕府の役人はアメリカとの国交が確実に開かれたことを実感することになった。

残念ながら、「亜墨理駕船渡来日記」の著者は、饗応の席にはいなかったため、日記は「さまざまな料理が出された」と宴会について簡潔に記しただけであったが、宴会の開催を聞いた一般の人々も戦端が開かれることなく交渉が妥結することを実感したことは間違いない。

43 写真 関心は「持ち物」に

【原　文】

一、晦日、今日応接異人凡百人計り上陸す。応接場庭前行列の式先通り八ツ半時に終る。応接後、異人写真鏡を持ち来り、増徳院境内にて人の姿を写す（図略）。一尺四方位の箱を台の上に置きて写す。人を前に立たせ其人の姿、前のノゾキ穴より入り甲に写りて其姿返りて乙の鏡に写る。上より玉板をさし入れ、乙の姿は丙の玉板に写る。片時過ぎて玉板を抜き明け印を残し置き舟へ帰り油火にて炙り油巾にて拭く。姿明白に玉板にあらわれ玉板のウラへ白き薬を塗れば愈々明らかに衣類の色、青黄赤白黒、皆分り見える。希代の鏡なり。漢名は照写写真鏡と申し候。

【意　訳】

一、二月三十日に艦隊乗組員が約百人上陸しました。応接所の前を行進しましたが、その様子は前回と変りませんでした。その後、一人の乗組員が「写真鏡」を持ってきて、増徳院の境内で人を撮影しました。一尺四方くらいの箱を台の上に乗せて撮影しました。箱の前に人を立たせ、その人物の姿が箱の穴から入ってきます。箱の中には鏡があり、人物は鏡に映されます。その時、箱の上から「玉板」を差し入れ、最終的に人物像は「玉板」に写し取られます。少し時間が経過した後、「玉板」を抜き取り、船に戻って「玉板」を加工すれば写真の完成です。「玉板」に写し取られた人物像は鮮明で、衣類の色も分かるかと思うほどです。この器械のことを「照写写真鏡」といいます。

【解　説】

嘉永七年（一八五四）二月三十日、第四回目の日米会談が開催された。ペリーは将兵を引き連れて上陸したが、ペリー自身は短銃も持っていなかった。条約締結は確実であり、最後の会談は友好的な雰囲気でおこなわれた。

「亜墨理駕船渡来日記」は、会談について、ペリーが上陸したこと、会談後、乗組員が写真撮影をしたことを簡単に記しているだけである。上陸の際におこなわれた将兵の行進も見慣れたものになり、人々はペリーの上陸よりも写真機などの乗組員の持ち物に関心を持つようになったようである。

日記には写真機が絵入りで紹介され、詳細な説明が加えられた。乗組員が持参した写真機は「銀板写真」と呼ばれ、銀メッキを施した銅板に気化したヨウ素をあてて感光膜を作って映像を写すものであった。

日記には映像を感光膜に定着させる方法が具体的にされ、著者が写真機に強い関心を持ったことをうかがうことができる。

通訳をつとめた森山と立石。会談で通訳が果たした役割も大きかった(横浜開港資料館蔵「ペリー艦隊日本遠征記」から)

　ところで、日記は最後の会談の内容について、まったく触れていない。著者に詳しい情報が伝えられなかったのかもしれないが、会談では条約締結に向けて詰めの作業がおこなわれていた。

　会談の冒頭では下田が開港場として適当であることが確認され、ペリーから下田開港に同意するとの発言があった。また、ペリーは下田周辺にアメリカ人が散策できる場所（遊歩区域）を設置することを要求し、日本側は翌日回答することを約束した。

　次いで、下田にアメリカ領事を駐在させる問題についての審議がおこなわれ、日本側は下田で貿易をするわけではないことを理由に領事の駐在を拒否した。

　これに対しペリーは十八カ月後に使節が再び来日するので、領事の駐在問題は、その時までの懸案事項にすることを提案した。さらに、下田開港の時期については、日本側が安政二年（一八五五）三月を提案したが、ペリーが即時開港を要求した。

最終的に下田の開港は安政二年三月までは薪《まき》と水だけをアメリカ船に供給し、その他の物資については三月から供給を開始することで妥結した。こうして、四回にわたった日米会談は終了し、条約の締結を待つだけになった。

その後、三月一日には、遊歩区域についての実務者レベルの協議がポーハタン号上でおこなわれ、下田港を中心に二十八キロメートルの範囲をアメリカ人が自由に散策できることが確認された。さらに、三月二日には日米の通訳が共同してオランダ語・漢文・日本語で書かれた条約文を校合し、翌日の条約締結の準備が完了した。

44

採集

軍務離れ学術調査

【原　文】

一、三月朔日、今朝豆州下田より異船二艘帰り来り、同処に碇泊す。今日、異人五六人上陸。船中に異獣多く飼育これある由、草を刈り持ち帰る。尚又、珍しき草は根引きにて持ち帰り鉢植にして本国へ帰り候由。其鉢𦉪を入れる銀の器（図略）の如き物を下官に持たせ草の根引き抔は是へ入れ申し候なり。惣銀にて銀の連環付き、肩へ掛けるシャボン玉売りの如し。

一、二日、朝曇る。今日は異人より献上の品残らず村役人にて宿へ持ち出し江戸へ送り申し候。今日は別異人の上陸多く御座候。愈々今日の様子にては明日御暇乞の応接と承り候。

一、三日、今日は暇乞の応接これあり。異人只七十計り上陸す。行列等も替り候儀これなし。異人より江戸表へ船を廻し御城町等も見物仕り、尚又、献上の内、機関の品は王の御前にて興行仕り、御覧に入れたく旨願い候処、御取込に付、御断りの由。

【意　訳】

一、三月一日、今日、伊豆の下田から異国船が二艘帰ってきました。今日、外国人が五、六人上陸しました。彼らは、船で飼っている家畜の餌にするために草を刈って持ち帰りました。また、珍しい草は根の付いたまま抜き取り鉢植えにしてアメリカへ持って帰るそうです。兵士に鎖の付いた銀の器を持たせ、この器に草を入れます。銀の器を肩にかけた兵士の姿は、シャボン玉売りのようでした。

一、二日は朝から曇りです。今日は、ペリーの献上品を宿場へ送り出し江戸まで運びます。また、今日も多くの外国人が上陸してきました。いよいよ明日、ペリー一行が日本を去ると聞きました。

一、三日、ペリーが「暇乞《ご》い」をするための会談がありました。七十人ほど将兵が上陸しました。ペリーは江戸まで船を廻し、献上品の内、機械類については直接将軍に上覧したいと言いましたが、幕府の役人は断ったそうです。

【解　説】

日米和親条約が締結されたのは嘉永七年（一八五四）三月三日のことであったが、この前後からペリー艦隊乗組の中には、軍務から離れたような日々を過ごした人々もいた。たとえば、三月一日の「亜墨理駕船渡来日記」は、乗組員が横浜で植物採集をしたことを伝えている。この人物は、国務省から派遣された植物学者のモロウ博士と推測され、日記には博士が兵士に植物を入れる容器を持たせ、根の付いた植物を採集している姿が記録されている。

日本遠征に赴くに際して、ペリーはさまざまな能力の人を同行させた。中には通常の海軍の行動では乗船しないような人々も多く含まれ、モロウ博士もそうした人物のひとりであった。

また、日本遠征の公式記録である「ペリー艦隊日本遠征記」には、こうした人々が記した記録が収録された。記録には日本で見られる植物・鳥類・魚類などが収録され、それらについての解説が加えられた。

ちなみに、モロウ博士が採集した植物はかなりの数に達し、公式記録に収録されたリストには横浜で採集された植物も多数含まれている。

「ペリー艦隊日本遠征記」に収録されたキジの絵。下田で捕獲したもの（横浜開港資料館蔵）

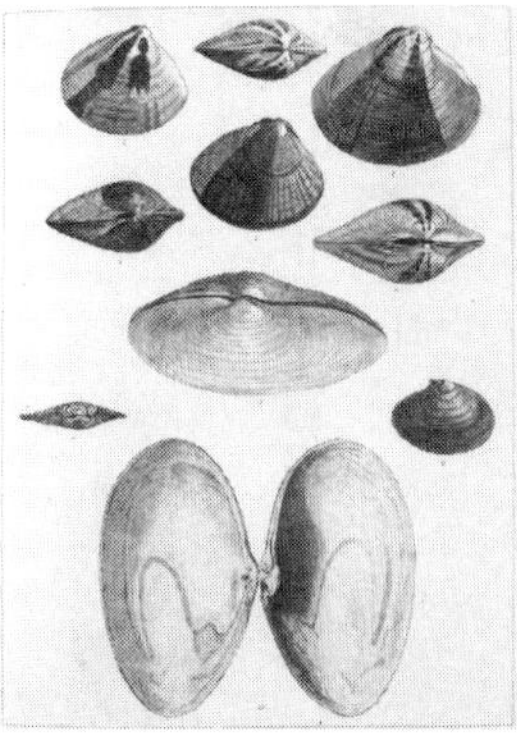

日本で採集した貝（横浜開港資料館蔵「ペリー艦隊日本遠征記」から）

日本で採集した魚（横浜開港資料館蔵「ペリー艦隊日本遠征記」から）

45 条約 国際化へ向け出発

「亜墨理駕船渡来日記」は、三月三日に締結された日米和親条約の内容についてまったく触れていない。しかし、この条約は日米交流の歴史を考える上で大変重要なものであり、ここでは条約の内容について簡単に眺めておきたい。

日米和親条約は神奈川条約とも呼ばれ、日本最初の近代的条約といわれている。日本側原本は関東大震災で焼失し、アメリカ国立公文書館にアメリカ側の原本が残されている。また、条約調印にあたり、日本側が日本語版、オランダ語版、漢文版を用意し、アメリカ側が英語版、オランダ語版、漢文版を用意したため、さまざまな言語で記した条約文が残されている。

この内、日本語版には日本側全権が花押を記し、英語版にはペリーが署名している。そのため、条約文に日米双方が署名した原本が存在しないという変則的な形で条約が調印された。

また、締結にあたっては日米双方が用意したオランダ語版で文意の照合がおこなわれ、日本側通訳の森山とアメリカ側通訳のポートマンがそれぞれ署名した。さらに、漢文版でも照合がおこなわれ、漢文版にも松崎とウィリアムズの二人の通訳が署名している。

条約は十二カ条から成り、さまざまな史料集に翻刻され読むことができる。まず第一条には日本とアメリカ合衆国が「永世」にわたって「和親」を取り結ぶことが記されている。第二条では、下田と箱館（函館）の開港について触れ、前者は条約調印の直後から、後者は翌年三月から開港することが記されている。

また、二つの港ではアメリカ船に薪《まき》・水・食料・石炭および欠乏品を供給することが決められ、その代価を貨幣で支払うことが規定された。

第三条、四条、五条は遭難したアメリカ船の乗組員の待遇に関するもので、日本に漂着した乗組員を下田と箱館でアメリカ側に引き渡すこと、彼らを幽閉しないこと、下田では遊歩区域を自由に散策させることなどが決められた。

第六条は開港場での品物の売買に関する個条であり、欠乏品以外の品物を購入したいとアメリカ船が申し出た際には協議の上で決定することを定めたものであった。

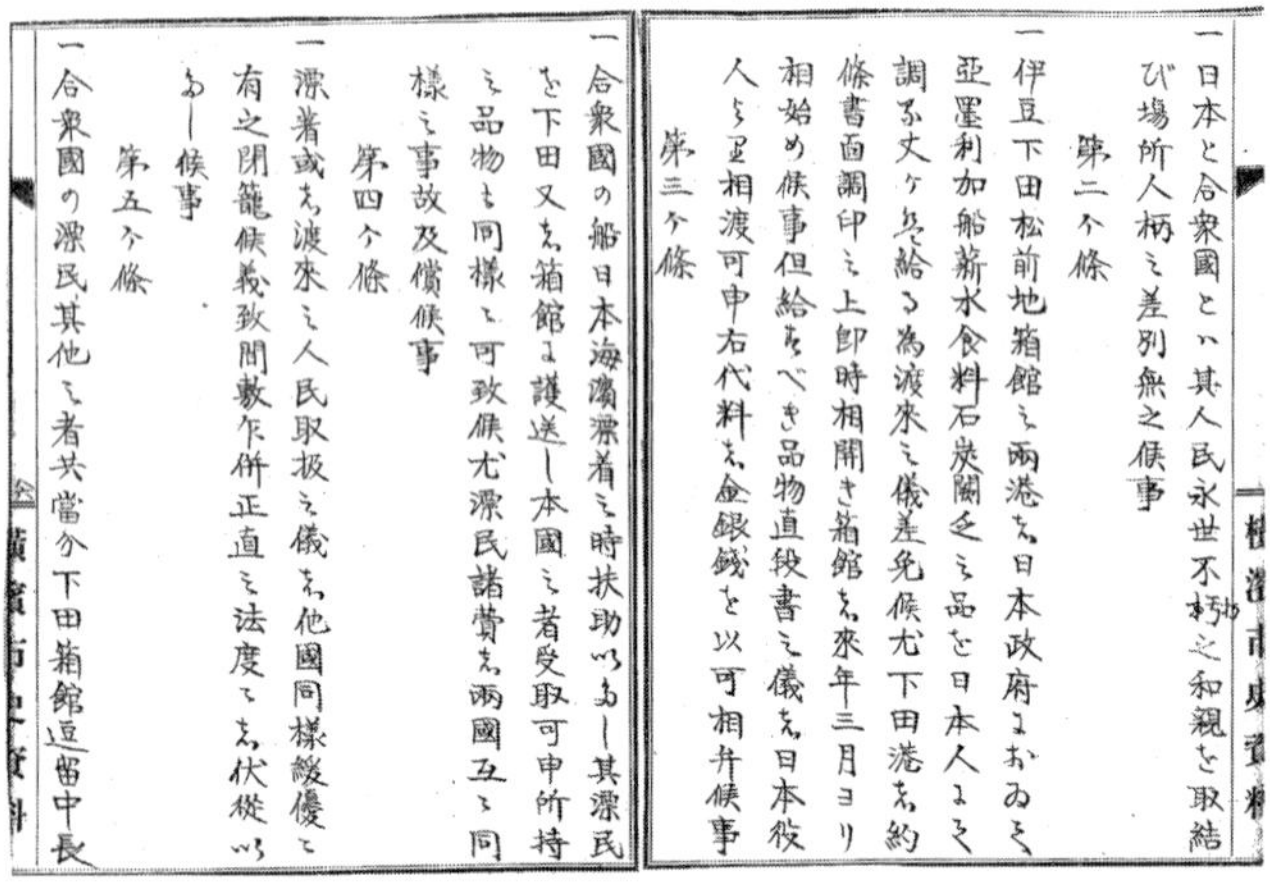

一日本と合衆國とハ其人民永世不朽之和親を取結
び場所人柄之差別無之候事
第二ヶ條
一伊豆下田松前地箱館之両港ハ日本政府ニおゐて
亜墨利加船薪水食料石炭闕乏之品を日本人ニて
調ふ丈ヶ給候為渡來之儀差免候尤下田港ハ約
條書面調印之上即時相開き箱館ハ來年三月ヨリ
相始め候事但給すべき品物直段書之儀ハ日本役
人より相渡可申右代料ハ金銀銭を以可相弁候事
第三ヶ條
一合衆國の船日本海濱漂着之時扶助いたし其漂民
を下田又ハ箱館ニ護送し本國之者受取可申所持
之品物も同様ニ可致候尤漂民諸費ハ両國互之同
様之事故不及償候事
第四ヶ條
一漂着或ハ渡來之人民取扱之儀ハ他國同様緩優ニ
有之閉籠候儀致間敷乍併正直之法度ニハ伏従いた
し候事
第五ヶ條
一合衆國の漂民其他之者共當分下田箱館逗留中長

日米和親条約の写本（横浜開港資料館蔵）

これに加えて第七条ではアメリカ船が開港場で貨幣あるいは物々交換で必要な品物を調達することができると定めている。幕府はアメリカ船と貿易することを拒否していたが、こうした条項が定められたことによって、下田や箱館では「欠乏品貿易」と呼ばれる小規模の貿易が発生した。

さらに、第八条では薪・水・食料などを購入する際の手続きについて定め、アメリカ船との取引は「役人」がおこなうことが決められ、私的な売買が禁止された。

次に第九条は「最恵国条款」と呼ばれる個条で、日本がアメリカ合衆国以外の国とより有利な条約を結んだ際に、アメリカ合衆国とも同様の条約を結ぶことが定められた。

第十条は、遭難船に限り下田と箱館以外の港湾に停泊することを認めた個条で、捕鯨船を中心に日本近海で難破する船の救助について定めている。

第十一条は条約調印から十八カ月を経過した後、アメリカ合衆国の「官吏」(領事)が下田に駐在することを定めた条文である。ただし、この条文については、英語版と日本語版の記述が違っており、英語版では日米両国政府の一方が必要と認めた時に領事を派遣するとなっていたのに対し、日本語版では両国政府が認めた時になっている。

そのため、後に初代アメリカ総領事のハリスが来日した際に、領事の駐在を定めた第十一条の解釈は大きな問題になった。はたして通訳の誤訳が原因であったのか、領事の駐在に反対していた幕府の意図があったのか、不明な点もある。

最後に第十二条では、条約締結後十八カ月以内に批准書を交換することを定めている。また、この条文でも英語版と日本語版に違いがあり、日本語版では十八カ月を過ぎてから批准書を交換することになっていた。そのため、アメリカ合衆国から九カ月と二十二日後に批准書が下田に到着した際、幕府から異議が申し立てられた。

このように日米和親条約は、日米双方が調印した原本がないことや、英語版と日本語版の記述が違っているなど不備もあったが、条約締結によって日本が国際化に大きな一歩を踏み出したことは間違いない。

また、この条約が戦争の結果ではなく交渉によって締結されたことは、その後の日本の歩みに大きな影響を与えた。こうした歴史から我々が学ぶことは大変多い。

46 ロシア 開国迫る諸国動向

【原　文】

一、四日、天気晴れ。今日、異人多く上陸す。諸方山野を遊行し、其内一人付添の役人に離れ、吉田新田、又、石川村の方角へ参り申し候。酒屋を尋ね頻りに酒を呑まんとする様子。近辺の人々立ち集り見物す。横浜村役人、是を見付け連れ返る途中にて酒々と申し候得共、種々諭し帰る。ある菓子店にて一ツの価四文の菓子二ツ買取り候処、価銭これなく候間、其家の店主より価は受けざる趣申し入れ候得共、異人承知致さず、其価として胸元の牡丹〆二ツ引き切り菓子の価として指し置き候。八文の代に金の牡丹金具二ツとは余り無算の儀に付返し候得共受取らず、一旦は受取り、跡にて役人へ差し出し候。一盞当炉酒、為君抜玉鑽と詠ず酒落も是等の人の事なるべし。

一、五日、今日、亜美理駕大合衆国嫋約省祭礼、四月八日の由、船中にて一同酒宴し、楽ハヤシ仕り候。日本の三月五日を異人四月八日と申し諭す。別に記す。

一、六日、今日、使節ペルリ外上官一同上陸致し、当所名残に山野諸々遊行願済ましの処、四ツ時より大風雨にて其事休み申し候。

一、七日、天気晴れる。今朝、異船一艘出帆す。異船其節大筒を放つ事多し。此船、今日より浦賀沖に碇泊す。道路の風説に依れば昨丑の七月十八日、長崎へ渡来の魯西那船、当正月八日、長崎を出帆し、今以って大海道大洋の中に漂遊し、此節、東海へ追々来る。此節、紀勢の海上に見え候由、専らの風聞、右に付、此船海上にて斥候候由、路上の流言。

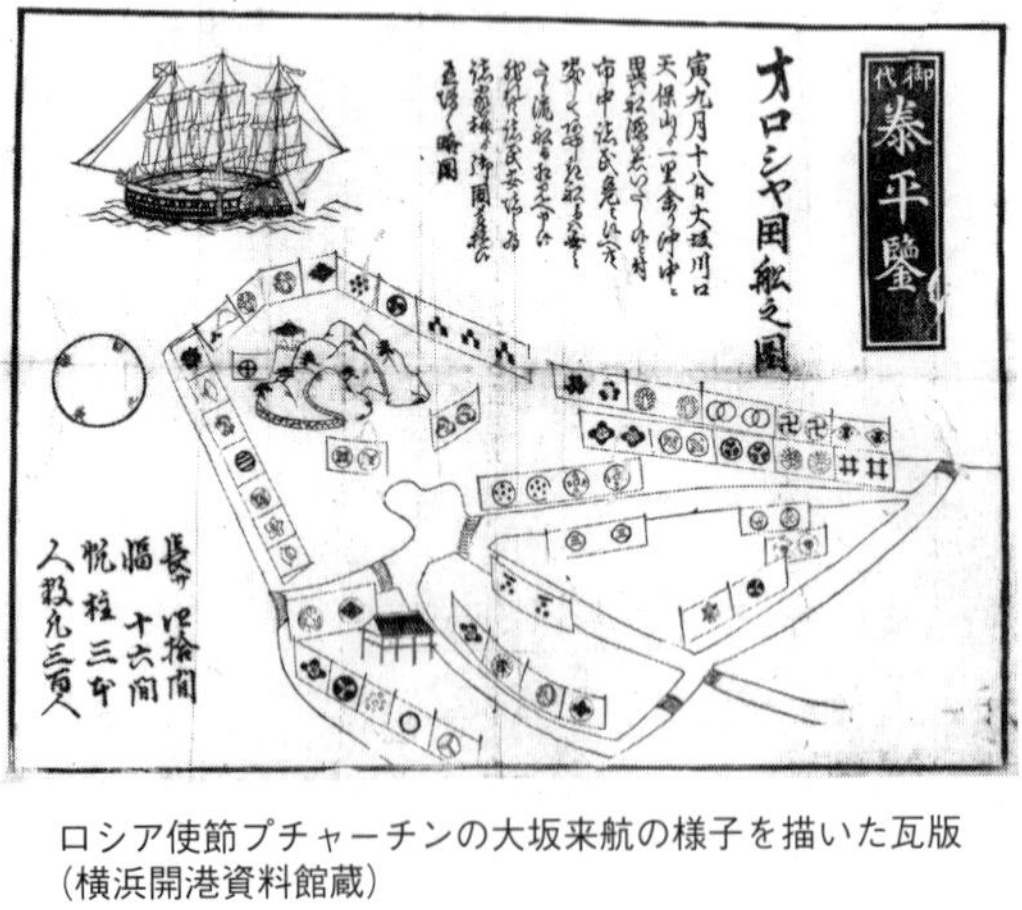

ロシア使節プチャーチンの大坂来航の様子を描いた瓦版
（横浜開港資料館蔵）

【意　訳】

一、三月四日は晴でした。今日も多くの外国人が上陸しました。その中の一人が石川村（現在の横浜市南区中村町）の方へやって来ました。彼は酒屋で一杯やりたいような様子で、近隣の人々が彼を見物するために集まってきました。横浜村の村役人が彼を連れ帰りましたが、彼はある菓子屋で一つ四文の菓子を二つ買いました。その代価として彼は胸元に付いていた金のボタンを引きちぎって渡しました。たった八文の菓子に金のボタンとは驚いたことですが、彼はいったん差し出したボタンを引き取ろうとはしませんでした。

一、五日はアメリカ合衆国ニューヨーク州の祭礼の日です。この日、艦隊でも酒宴がおこなわれました。

一、六日にペリーをはじめとする主要なメンバーが横浜村に上陸し、近隣を散策する予定でしたが、天候が悪化したため中止になりました。

一、七日、天候が回復しました。今日、横浜沖をペリー艦隊の船が一艘出帆しました。また、横浜村では昨年の七月十八日に長崎に来航したロシア船が長崎を出港したとの噂が流れています。この船はやがて江戸の方へやって来るといわれています。

【解　説】

三月四日から六日の「亜墨理駕船渡来日記」には条約締結後の横浜村とその周辺地域での出来事が記録された。条約締結という大役を終え、四日には多くの乗組員が上陸したと記されている。

また、五日の記事には、五日が「嫋約省」（ニューヨーク州）の祭礼と記されている。この祭礼が何を指すのか分からないが、ペリー艦隊通訳のウィリアムズの日記には五日が日曜であるのに、日本人は「安息日」を理解しないで艦隊に押しかけると記されているから、この日に宗教上の習慣をめぐってなんらかのトラブルがあったのかもしれない。

さらに、七日の記事にはロシア使節についての記述がある。当時、ロシア皇帝ニコライ一世は、アメリカが日本にペリーを派遣したことを聞き、直ちに侍従武官長であったプチャーチンを遣日使節に任命した。

その後、プチャーチンは嘉永六年（一八五三）七月十八日に長崎に到着し、日本の開国を求める国書を渡し、上海に引き揚げることになった。プチャーチンが再び四艘の軍艦を

ペリーとプチャーチンの来航を風刺した絵。中央に威張った武士、左の人物がペリー、右がプチャーチンである（横浜開港資料館蔵）

率いて長崎にやって来たのは十二月五日のことで、日本との交渉の開始はペリーの再来よりも早かった。

しかし、日本とロシアが「日露和親条約」を締結したのは、安政元年（一八五四）十二月二十一日のことであり、プチャーチンは最初に日本と近代的な条約を結ぶという名誉をペリーに奪われることになった。

また、この間、ロシアはクリミア戦争の勃発《ぼっぱつ》に伴い、イギリスやフランスと対立を深めており、プチャーチンは英仏艦隊の追撃を避けながら日本との交渉をおこなわなければならなかった。

ところで、「亜墨理駕船渡来日記」の著者はプチャーチンの動向を正確に記録している。このころから庶民は西欧諸国の動きに強い関心を持ち、アメリカだけでなく多くの国が日本の開国を求めていることを知るようになった。

47 絵画 高い記録性と技術

【原文】

一、八日、異人より大筒一挺献上。火薬玉等相添え、尚又、火薬調量等も伝授仕り候間、其方より人を遣わし申すべく候由申し出候。

一、九日、異人の内、細画の名人（先日、馬に騎りし人）上陸いたし、村内東、中山太郎左衛門方へ来り、門内に腰を懸け居り、屋敷内の建前残らず、本家・座敷向・土蔵・店・真木小屋迄も尚又、軒にかけたる階子庇の辺りに立掛けたる木切れ、庭に積みたる柴・真木迄も残らず微細に写し取り持ち帰り候。此異人常に上陸いたし人物、山水堂社等を写すを見るに一目見て其図を写す間は二度と其図を見ず。写し終えて引き合わせ見ること、事胸中より湧き出づるが如し。寸分も違わず。凡人の及ぶ処にはあらず。即席の画、この如く定めて念入り手間取り候はば其画如何あらん。此人真の画一度見たしと思い居り候。其節、予当国金沢に遊びし時、金沢の画工の方へ浦賀辺より頼みに来り、異人直筆の画、この通りに生写したく由にて持ち来ると聞き、其家へ参り其画を見るにかの異人の書きたる画なり。今般渡来の使節彼理、本国出帆の時に其女房、小児を連れ離別席上の図なり。夫婦離愁の顔色、小児無心、これを知らず。戯遊、第宅の結構、楼閣の奇工、障子・屏風の美麗、画中の画、軒下の護花、鈴音韻外の韻、中々言語筆紙に尽くし難し。夫婦離愁、無言の言、不説の説、公役留め難く、私情尽くさず。不泣の涙、袂濕い百滴千行の滴、千行の滴たらずして滴り行かずして行を見る深甚微妙。今一枚は戦場の図と見え海中の孤島に城楼巌間に湧き出、一道の水心を隔てて此方の山上に石を畳み揚げたる台上よりかの海島に向かい大筒を打ち懸ける図。玉飛び行く筒先に渦巻残る黒煙の中に閃く稲妻は画かねど其れと目に見る如く。かれこれの勝敗一挙に知るの妙手工、予不思議、此名画を見て望み足りぬ。

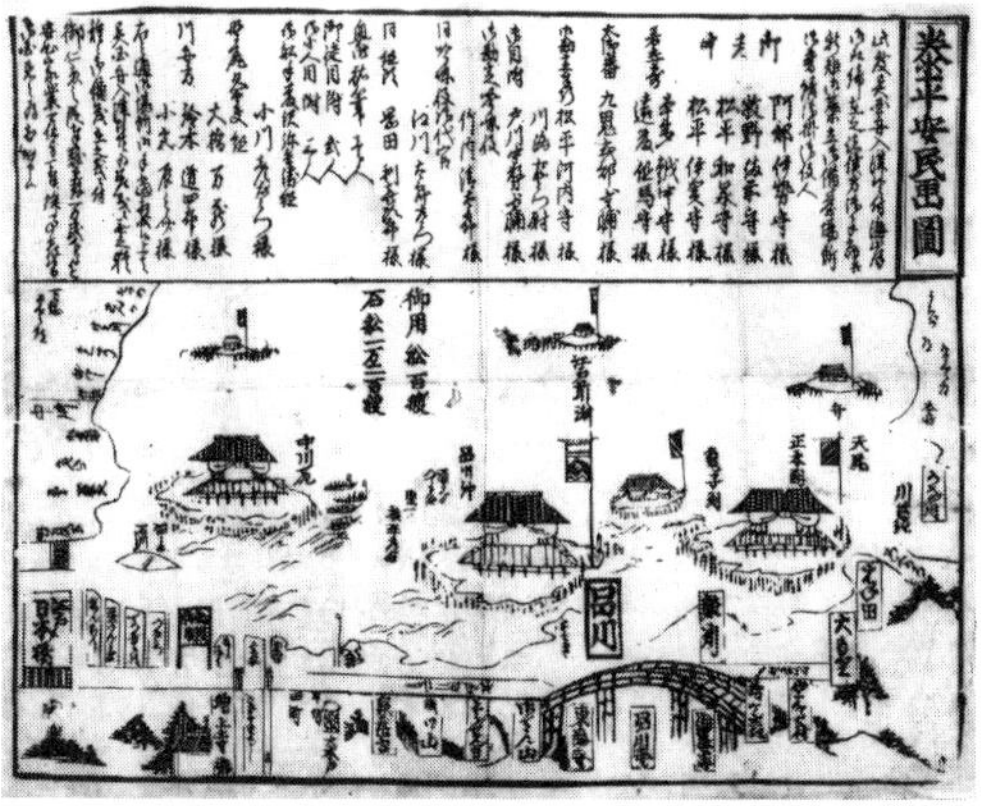
ペリー来航をきっかけに築造された品川台場を描いた瓦版（横浜開港資料館蔵）

【意　訳】

一、三月八日にペリーから大砲が献上されました。火薬や砲弾もあり、火薬の調合方法についても教えてくれるとのことです。

一、ペリー艦隊随行の画家が九日も上陸しました。彼は横浜村の旧家中山太郎左衛門の屋敷を訪れ、屋敷の様子を詳細に描きました。絵には庭に積んだ柴《しば》や薪《まき》、軒に立て掛けた梯子《はしご》まで描かれています。彼は何度も横浜村に上陸しましたが、絵を描く時、一度写生すべきものを見て、たちまちの内に絵を仕上げます。その技術の高さは、凡人の及ぶところではありません。即席に描いたものでも驚くほどの出来栄えですから、念入りに描いたならば、どのようにすごい絵になるのかと思いました。その後、私は金沢（横浜市金沢区）で彼の絵を見たことがあります。この絵は、ペリーがアメリカを出発する時の光景を描いたもので、ペリーの夫人と子供が描かれていました。家族が離れ離れになる様子が切々と感じられる絵であることは間違いありません。また、もう一枚は戦場を描いたもので、海中の孤島に築かれた城に対し、対岸の山から大砲を撃っている絵でした。絵を見ただけで勝敗が分かるようで、本当に満足しました。

【解　説】

嘉永七年（一八五四）三月九日、日米交渉の様子を描いた画家のハイネが横浜村に上陸した。彼は、再三にわたって上陸を繰り返し、スケッチブックを手に村の中を歩き回る姿が目撃されていた。そのため、日記の著者もハイネに強い関心を持ち、この日の「亜墨理駕船渡来日記」は彼のことを克明に記録した。

ハイネは日本遠征に際して、描いた絵をアメリカ政府に提出することを義務づけられ、ペリー艦隊公式記録である「ペリー艦隊日本遠征記」には、ハイネが描いた絵が多数収録されている。

また、政府の許可を得て出版された「日本遠征画集」にもハイネが描いた水彩画をもとにした石版画が収録された。

これらの絵は写実的なもので、ハイネが絵を描いたことによって、日本遠征の光景はビジュアルな形で現在に伝えられることになった。従軍画家の仕事は、しだいにカメラマンに引き継がれたが、ハイネの絵は記録としての絵画が重要な役割を果たしていたことを教

ハイネが描いた石版画。ペリー久里浜上陸の光景（横浜開港資料館蔵）

えてくれる。

ハイネは一八二七年にドイツ東部のドレスデン近くで生まれた人物で、日本を訪れたのは二十代半ばの時であった。彼は、ドレスデンの王立芸術学院で絵を学んだと伝えられ、その後、アメリカに渡ったが、若くして風景画家として高い評価を得ていたと思われる。

ところで、九日に横浜村に上陸したハイネは村の旧家である中山家を訪れ、長屋門を入ったところでスケッチを始めた。日記の著者は、その様子を間近に眺めたようで、「絵の名人」がスケッチしたと記している。

著者は、ハイネの描いた絵が写実的であることに驚きの声をあげ、その技術の高さは「凡人の及ぶところではない」と紹介した。また、著者は、ハイネが写生する時に、人物や建物を一目見ただけで描き始め、絵の完成まで顔を上げることがなかったと記している。さらに、ハイネの描いた農家の絵には、庭に積んだ柴や薪まで残らず微細に写し取られていたと述べている。日本画しか見たことがない当時の人々にとって、ハイネの絵はどれほどの感動を与えたのであろうか。

48 石川家 一行と別離惜しむ

【原　文】

一、十日、晴天。使節ペルリ不快に付、気晴らしのため上陸致し、外の上官の異人も当地名残に見物す。洲乾より太田屋新田川添いに南へ行き、山を越し北方村より帰り、増徳院へ立ち寄り、それより当村名主徳右衛門庭前の松を見物し、座敷へ通り、床几に腰をかけ休息の異人十三人、下に二人、目付役の異人これあり。都合十五人なり。茶菓子ならびに焼餅等を出す。又、酒も少々出す。小猪口に二盃位も呑む。当家の主人ならびに女房も出て挨拶す。丁寧に異人も礼を述べ、又、当地に永々滞留致し世話に預り候条忝し。付いては我々も近日の内に出帆致し候得ば、又、逢うこと期し難く、随分無事に家内繁盛し縁もあらばと目礼し、通詞ウリユムスよりも丁寧に繰り返し礼を申す。先月朔日、当沖へ改泊の後、今日にて最早四十日、日毎に異人上陸し初めの程は敵のように思いし異人、彼方にても此方を疑い上陸毎に鉄砲を持ち来り候得共、此節は鉄砲抔持ち参る不意気な異人は一人もこれなし。楽しみ心解け合い、今別れと聞けば懐かしく思い。やや時移るまで此処に休息、八ツ時分、暇を告げ立ち出ず。

ペリー艦隊参謀長アダムスを描いた瓦版
(横浜開港資料館蔵)

【意　訳】

一、三月十日は　晴天です。今日はペリーはじめ主要なメンバーが気晴らしのために上陸しました。横浜村の洲乾と呼ばれる地点から南に向かい、北方村（現在の横浜市中区北方町）まで足を伸ばしました。帰りには増徳院という寺院に立ち寄り、横浜村名主の石川徳右衛門の家にも寄りました。この家では庭の松を見物し、座敷にも上がりました。座敷には十三人、座敷の下に二人のアメリカ人が座り、全部で十五人のアメリカ人の訪問です。石川家では茶菓子と焼餅《やきもち》を出し、少しだけ酒も出しました。ペリーは、石川家の当主と妻に対し、長く村に滞在し、いろいろと世話になったことを謝しました。また、近日中に帰国すること、石川家が今後ますます繁盛することを願っていると も述べました。これらの言葉は通訳のウィリアムズが訳しました。ペリーがやって来てから約四十日、最初はアメリカ人のことを敵のように考えていました。アメリカ人も日本人を疑い、上陸の時には必ず鉄砲を持っていましたが、今では鉄砲を持って上陸する外国人は一人もいません。心と心が触れ合い、別れと聞くと懐かしくさえ思います。こうして別離を惜しんだ後、ペリー一行は石川家に暇を告げました。

【解　説】

明治三十一年（一八九八）九月九日の横浜貿易新聞は、ペリーが横浜村名主であった石川家を訪問したことを記した「亜墨理駕船渡来日記」を掲載した。日記は、石川家訪問の日付について三月十日としているが、この点については三月九日にペリーが上陸したことが分かっており、間違っている。しかし、日記の記述は詳細であり、ペリーと横浜村の住民がどのように交流したのかを教えてくれる。

日記によれば、ペリーは横浜を去る前にゆっくりと条約締結がおこなわれた場所を散策しようと思ったようである。また、日記には横浜村の村役人を代表する石川家を訪問し、四十日近くにわたって村を騒がしたことを謝したと記されている。

この時、石川家を訪れたのは、ペリーと参謀長アダムス、通訳などを加えた十数人で、彼らはいったん、横浜村の南方を散策した後、石川家に到着した。ペリーに同行したウィリアムズの日記には、道の脇に椿《つばき》や桃が咲き乱れ、大変快適であったと記されている。

また、石川家では、庭先の松の巨木を見物し、その大きさに驚嘆している。松は村でも評判の木であり、ある記録には直径が数メートルに達したとある。さらに、石川家ではペリーを座敷に招き入れ、茶菓子や焼餅でもてなした。

この時の様子はペリー遠征の公式記録であった「ペリー艦隊日本遠征記」にも詳細な記述がある。たとえば、石川家の座敷については柔らかい畳が敷いてあり、畳の上に腰掛けが用意してあったと記されている。また、茶菓子を運んだのは石川家の女性であり、女性が素足であったと記録している。

女性の衣類についてはナイトガウンに似たものであり、衣類はたいして美しくなかったと記している。ペリー一行が嫌悪したのは女

ペリーが訪れた石川家の庭。幕末の光景と伝えられる（個人蔵）

性の「お歯黒」であり、公式記録は「お歯黒」を「厭《いと》うべき習慣」であると評している。

ところで、「亜墨理駕船渡来日記」の著者は、石川家を訪問したペリーの態度を高く評価したように感じられる。幕府の高官だけでなく村役人とも交流したペリーに好感を持ったのかもしれない。

また、最初はすべての乗組員が鉄砲を持って上陸したのに対し、最近は武器を所持せずに散策するのを眺め、心と心が触れ合えるようになったと記している。

さらに、ペリー艦隊の一行との別れが近づいていることに対し、「今別れと聞けば懐かしく思い」と別離を惜しむようにまでなったと記している。ペリーと幕府が戦闘の開始をなんとか避けたことは、その後の人々の外国人に対する考え方に大きな影響を与えたといえるのかもしれない。

49 人物 ペリーの「剛毅と情」

【原　文】

一、此より前、使者現留伯、此家の妻に向い小児なきやと問う。当家の女房機転のききたる女にて自分子なし。隣の小児を借用致して抱きて自分の子の如く仕り見せけり。是は使節現留伯本国出帆の節、妻なる者、小児を抱き加理料爾亜の下屋敷まで見送り、此処にて別れを惜しみとなり。其時の面影は忘れ難く恋慕い、朝夕の寝覚めにも我が子の面影目先に彷彿と見え、日本へ来りしより小児を見て恋慕い余念なく戯れ心を慰めぬ。実にむべなるかな。天を翔り地を走る禽獣、水の玉藻に栖む虫まで子を愛さぬはなきものを、ましてや人間に生を得し者誰が此心なかるべき。此人、少年の時より海島の中に成長、韜略に昼夜心を委ね英吉利州の大敵に戦い勝ち、両亜美理駕千五百余州の人々も遠き者は音に聞き、近き者は目にも見、天地の間に雷の如く鳴り渡り鬼神も摧く剛毅の勇者、苦りきったる顔先へ差し出す予に喋々慕々念怒し眼元も笑い返り、別れて遠き妻や子に逢い見る如く喜びの涙ペルリと遠近の余所の見る目もあわれなり。予此事を眼前に見て後、金沢にてペルリが妻子に別るる時の図を見。

海岸の防衛にあたった大名と蒸気船を描いた瓦版
（横浜開港資料館蔵）

【意　訳】

一、ペリーが石川家を訪問した時、ペリーは石川家の妻に「子供がいらっしゃるか」と聞きました。残念ながら石川家には子供がいなかったのですが、妻は隣家の子供を抱いて自分の子供であると紹介しました。ペリーもアメリカに妻子を残しているとのことで、子供のことを懐かしく思い、こうした質問をしたのかと思います。また、日本人の子供を見て、自分の子供のことを思い出していたのかもしれません。獣や虫でさえ子を愛さないものはありませんから、まして人間ならば当然のことでしょう。ペリーはイギリスとの戦争で活躍し、アメリカでは「剛毅《ごうき》の勇者」として知られた人物ですが、遠く離れた妻子のことを思って涙するところを見ると、哀れを知った人物のように感じられます。私は、こうしたペリーの様子を目のあたりにしました。

【解　説】

三月九日に石川家を訪問したペリーは女性が抱く赤ん坊と対面し、日記は、この時の様子を記録した。また、ペリーの人柄についても記し、著者はペリーを「剛毅の人のようにも見受けられるが、人情の分かる人物」と評している。

はたしてペリーがどのような人物であったのか、簡単には述べられないが、ここではペリーの履歴について紹介し、日記を読み解く一助としたい。

ペリーは一七九四年四月十日、アメリカ合衆国ロードアイランド州サウス・キングストンに父クリストファー、母セーラの三男として誕生した。少年期をニューポートで育ち、一八〇九年にわずか十四歳で海軍に入隊した。

ニューヨークの商人の娘ジェーンと結婚したのは一八一四年のことで、現在から見れば比較的若い結婚であった。彼が、海軍で頭角をあらわしたのは一八三三年にニューヨークの海軍工廠《しょう》に配属されたころからで、一八三七年にはアメリカ合衆国最初の蒸気軍艦であるフルトン号の建造に貢献した。

その後、同号の完成とともにフルトン号の初代艦長に任命された。一八四一年には海軍工廠長官に就任し、このころからペリーは「蒸気艦の父」と呼ばれるようになった。さらに、一八四三年にはアフリカ艦隊司令長官、四七年からはメキシコ湾艦隊司令長官に就任し、多くの軍功をたてた。

ペリーが東インド艦隊司令長官に任命されたのは一八五二年のことで、この年の十一月に本土を出航し、翌年にはアメリカ合衆国の国書を携え浦賀沖に到着した。その後、一八

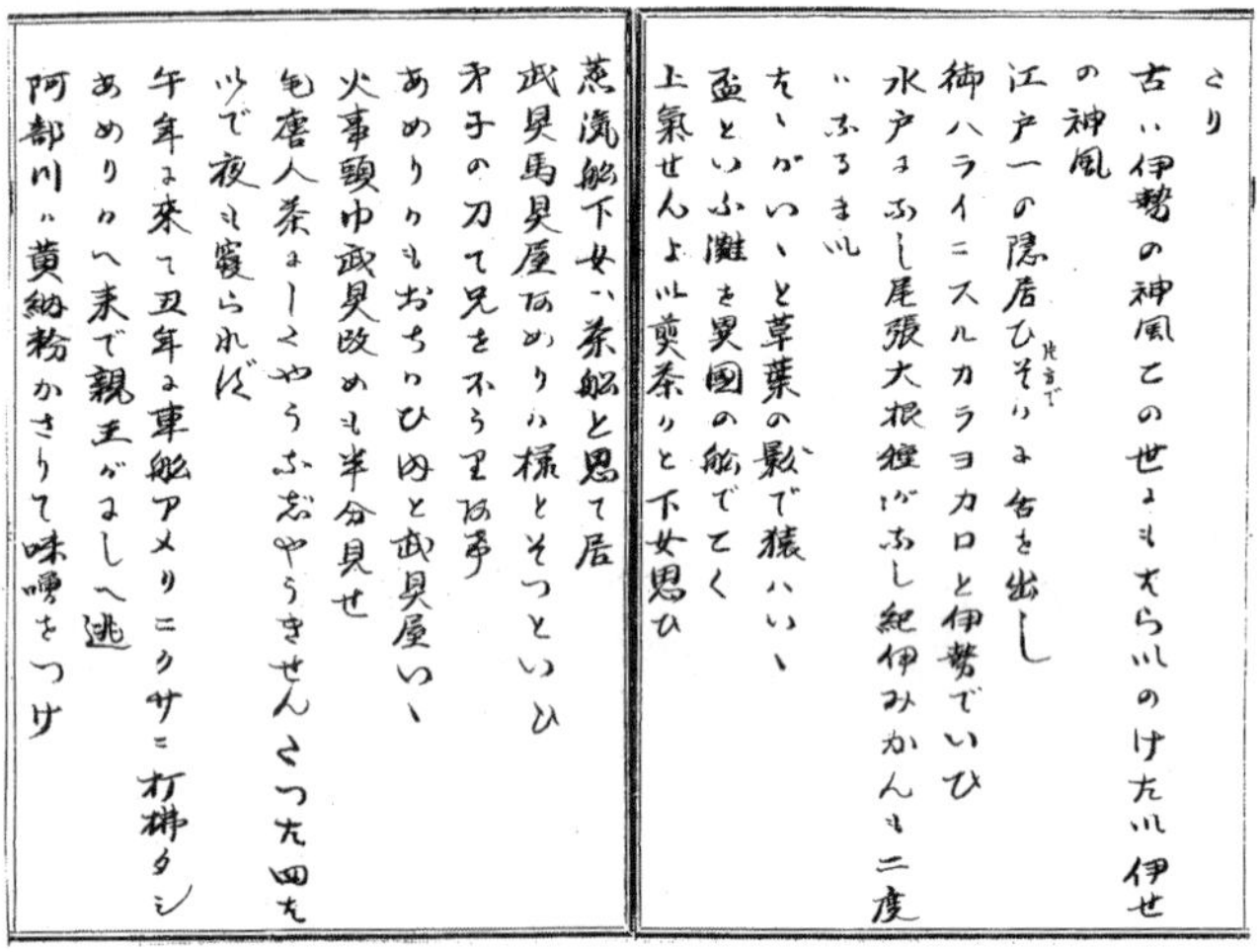
さり
古い伊勢の神風この世よりも大らいのけたい伊せの神風
江戸一の隠居ひそかに名を出し
御ハライニスルカラヨカロと伊勢でいひ
水戸はふし尾張大根燈がふし紀伊みかんも二度いふるまい
たいがいいと草葉の影で猿ハいい
盃といふ灘を異国の船でこく
上喜撰よし以薬茶りと下女思ひ
蒸気船下女ハ茶船と思て居
武具馬具屋ハあめりか様とそつといひ
才子の刀で兄を不う王なる
あめりかもおちハひ肉と武具屋いい
火事頭巾武具改めも半分見せ
毛唐人茶ましくやうふ志やうきせんさつ大四丈
沙で夜も寝られば
午年に来て丑年に車船アメリニクサニ打拂タシ
あめりかへ末で親王がはしへ逃
阿部川ハ黄粉かさりて味噌をつけ

ペリー来航時に流行した狂句を記した記録。左ページ２行目には「武具・馬具屋、あめりか様とそっといい」とペリー来航によって武具を扱う商人が大もうけしたことを風刺した狂句が収録された（横浜開港資料館蔵）

五四年には横浜を舞台として活躍したことは「亜墨理駕船渡来日記」が語る通りである。

ペリーが亡くなったのは一八五八年三月四日のことで、享年六十三歳であった。新聞はペリーの死を伝え、三月六日に葬儀がおこなわれた。現在、彼の墓は少年期を過ごしたニューポートのアイランド墓地にある。

ところで、日米和親条約締結百二十五年目にあたる昭和五十四年（一九七九）から翌年にかけて、横浜市が「黒船渡来とヨコハマ展」を開催した際に、ペリーの子孫が会場を訪れたことがあった。彼はコモドア・アーサー・ジェームズ・ペリーといい、ペリー五代目の子孫であった。当時、彼はアメリカ空母の離着陸担当将校で、横須賀基地に勤務していた。

新聞記事によれば、彼は新聞記者にペリー家の当主は代々海軍に入り、必ずコモドア（海軍准将）と命名することになっていると答えている。日米和親条約締結の主役であったペリーの伝統が現在にも生き続けているような話である。

50 出帆 各船の動向詳細に

【原　文】

一、又、二月十五日、応接相済み、其夜、船矢倉の上にて酒を酌み、旅の徒然を慰むる時、天も晴れ月の海の上にさし出づるを見て咏ず。

むさしの海さし出る月はあまとふや　かりほるにやに残るかげさも　彼理

かれこれ思い合わせ心なき身にも哀れをしぐれ来てかからぬ袂を絞りけり。

一、十一日、浦賀奉行組与力合原操蔵、異船において献上の大筒・火薬の伝これあり。異人上陸なし。

一、十二日、今朝、林大学頭・井戸対馬守、神奈川宿より江戸へ帰りに付、今日の御触、左の通り。

神奈川沖、亜美理駕船七艘、明十三日、風模様次第出船致し、尤、豆州下田港へ立寄り、それより帰帆致し申し候間、聊か心配にはこれなく候趣洩れざる様相触れ申すべくもの也。

寅三月十二日

一、十三日、今日五ツ時、異国船出帆、其の次第、一番に赤の蒸気船、品川の方を向き出て、次に黒の蒸気船、同じ方を指して出づ。二艘とも帆を掛けず火輪にて馳る。次に神奈川沖の軍艦、帆を掛け生麦の方を指して馳せ出づ。次に南の三艘、上総木更津の方を指して帆にて行く。六艘の船、三方に行く。蒸気船、大森の沖に碇を下し駐まる。左右の四艘、右同断に行く時に一艘の残りの船、帆を掛け碇を巻き上げし拍子に磯の方へ引き来る。横浜磯の沖の水中に前年、大船石を積み碇泊の節、難風にて積込みの石を撥ね其石水中に山の如くにこれあり。里人は祢石と申し候。近年、少々取り除け候得共、今もって水中の難所なり。此の石へ乗り上げ、右に付、甚だ難儀仕り候中、汐の落時来りいよいよむずかしく、時に大筒一発す。大森沖の異船より伝馬船二艘、蒸気船一艘来り、長き綱を付け、右の難を取り出し、本牧の方へ同道して行く。大森沖の船も引き返し同方へ行く。一同浦賀の方へ出て行く様子にて帆影も見えずなりぬ。右は昼九ツ時分の事なり。是にて一旦、横浜沖は出掃いになりぬ。右の船残らず、今日、小芝沖に碇泊の由。

【意　訳】

一、第一回の会談が終わって数日たった二月十五日、ペリーは船上で旅の寂しさを慰めるような歌を詠みました。

一、三月十一日にペリーが献上した大砲と火薬の扱い方についてペリー側から説明がありました。

一、三月十二日には日本側全権の林と井戸が江戸に帰りました。また、ペリー艦隊の出帆についての「御触《おふれ》」が出されました。

一、三月十三日に横浜沖に停泊していたペリー艦隊が碇《いかり》をあげました。最初に二艘の蒸気船が品川の方に向けて移動しました。次いで神奈川宿付近に停泊していた帆船が生麦（横浜市鶴見区）方面に、さらに三艘の船が木更津（千葉県木更津市）方面に出帆しました。最初に碇をあげた二艘の蒸気船は大森（東京都大田区）沖に停泊しました。最後まで横浜沖に残っていた一艘は碇をあげた拍子に海岸の方へ近づきました。その時、日本の「石船」（石を運んだ船）が海中に落とした石のかたまりの上に乗り上げ座礁してしまいました。その後、この船は異常事態の発生を知らせる空砲を発射し、救助の船がやって来ました。座礁した船には引き綱が付けられ、ようやく脱出に成功しました。こうして正午ごろには横浜沖のすべての船がいなくなりました。その後、これらの船は小柴（横浜市金沢区）沖に集結したということです。

【解説】

嘉永七年（一八五四）三月十三日、大役を終えたペリーは艦隊の出航を命じた。この日の「亜墨理駕船渡来日記」は、艦隊出帆の様子を詳細に記録した。日記には各船の動向が具体的に紹介され、二艘の蒸気船が羽田沖まで進入したこと、一艘の帆船が横浜沖で座礁したことが特筆すべき事件として記述された。

二艘の蒸気船とはポーハタン号とミシシッピ号で、これらの船は江戸を偵察する目的で江戸湾を北上した。しかし、羽田沖で海岸沿いの家並みを遠望したにとどまったため、大事件にはならなかった。

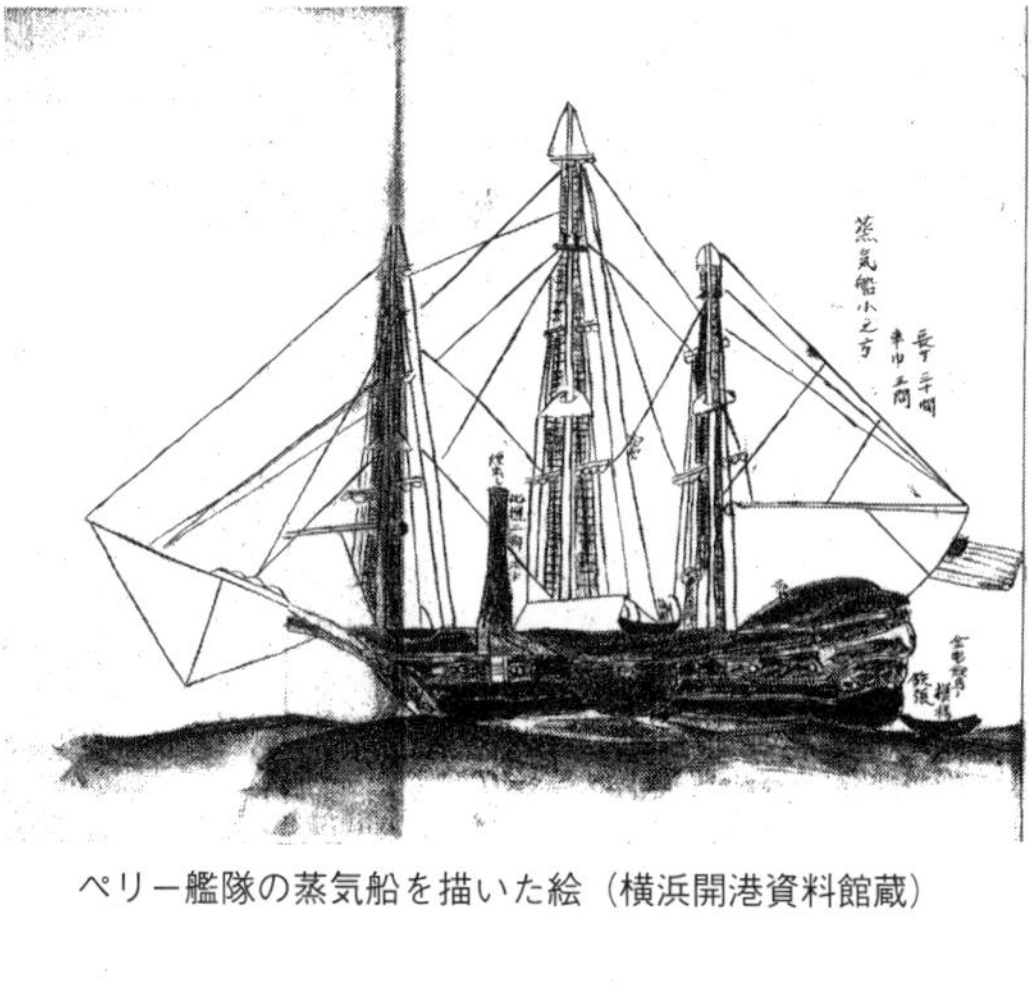

ペリー艦隊の蒸気船を描いた絵（横浜開港資料館蔵）

また、座礁した船はレキシントン号であった。各船が碇を上げたのは昼ごろで、その後、各船はばらばらに行動したが、三月二十一日までに、すべての船が江戸湾から出ることになった。こうして二カ月以上続いた騒動は終わりを迎えた。

51 船名 黒船九艘続々出航

【原　文】

一、十四日、真田・小笠原の御人数、明七ツ時、陣払いにて一旦、横浜表は引き取り、今夕、品川泊。十五日に帰府、横浜より北東、神奈川・羽田の備えも御引き払い、本牧より先は引き払いこれなし。右の船、小芝に七日滞留、廿一日に豆州下田へ移泊。四月初め三艘本国へ帰帆、四艘松前の箱館へ参り、此船五月十三日、十七日に帰り来り、又々、下田五艘の碇泊（委細は下編下田日記に記す）。今度、渡来の九艘の船処、船主の名（山下より次第に神奈川の方一二三とす）。

一番、ユルフエットの軍艦。船の名レキスンタン。船主タラスソン。大砲廿六挺。二番、フレカットの蒸気船。船名セチクインナ。船主サシクベナア。副使ブカナン此船に乗る（二月廿六日に出帆）。三番、ハニラウナンの蒸気船。船名ホウハッタン。船主セムセキリュネイ。大砲八挺、外に四挺。野戦具あり。此船に使節ペルリ、通詞ウリュムス、広東の羅森・向喬、乗組み。長さ四十五間、巾十一間、三百五十三人乗り。四番、フレカットの軍艦。船名スユフフライ。船主ウワカ。大砲備えあり（二月廿一日に来る）。五番、フレカットの軍艦。船名マストネン。船主アフポット。大砲二十二挺。六番、フレカットの蒸気船。船名ミスシスシッピー。船主セスファンランスタウ。大砲八挺。此船に副使アダムス乗る（二月十一日葬礼出る）。七番、ユルフエットの軍艦。船名ユエンデリヤ。船主ボノペ。大砲十八挺、合せて二十挺。八番、ユルフエットの軍艦。船名サラトカ。大砲二十挺（二月六日に来る）。九番、ユルフエットの軍艦。船名シヨウハッテン。船主ユニウスポイン。大砲六挺。右の通り山下を一番として、神奈川の方へ九番まで次第に改記す。諸人の覚え間違いこれあり。ここに改書す。

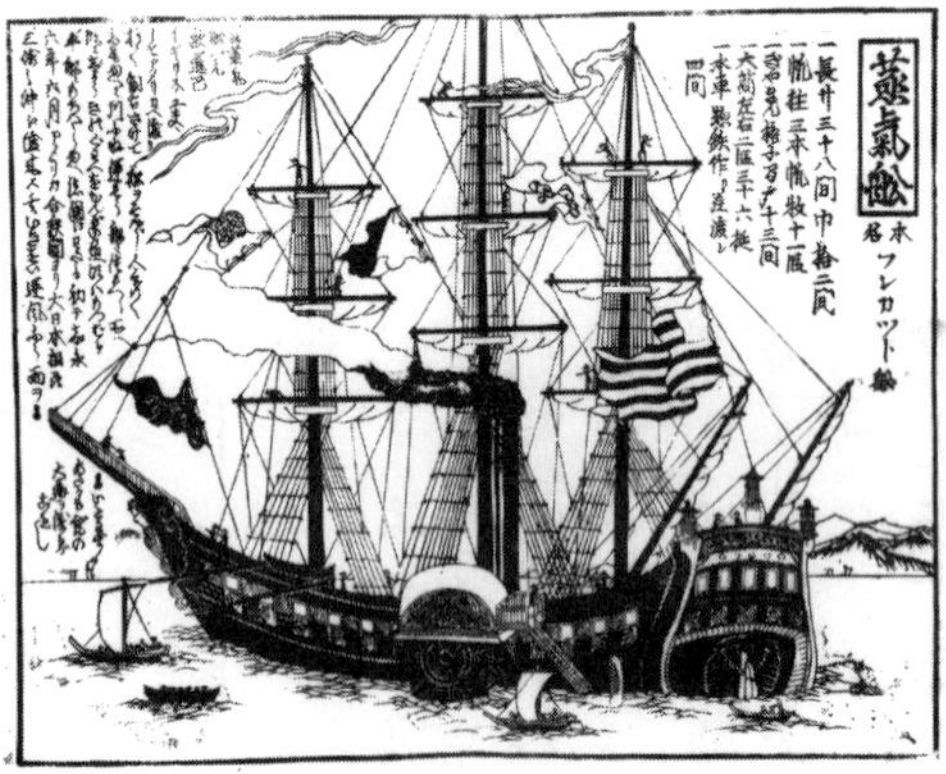

ペリー艦隊の蒸気船を描いた瓦版（横浜開港資料館蔵）

【意　訳】

一、三月十四日、真田（松代藩）と小笠原（小倉藩）の警備陣が翌日撤退することが決まったため今日、品川宿まで退きました。十五日には横浜から北東の地域、神奈川宿や羽田村あたりの警備も引き払うことになりました。本牧から南の地域はしばらく警備陣を置くことになりました。最終的に、三月二十一日に、ペリー艦隊が退去しましたが、下田や箱館に立ち寄った船もありました。さらに、五月十三日以降になって再び五艘の船が下田へやって来ましたが、この点については「亜墨理駕船渡来日記」の続編である「下田日記」に掲載する予定です。ここでは以下の部分に今回渡来した九艘の船の名前や船長について記しておきたいと思います。（ペリー艦隊の船名などについては省略、原文参照）

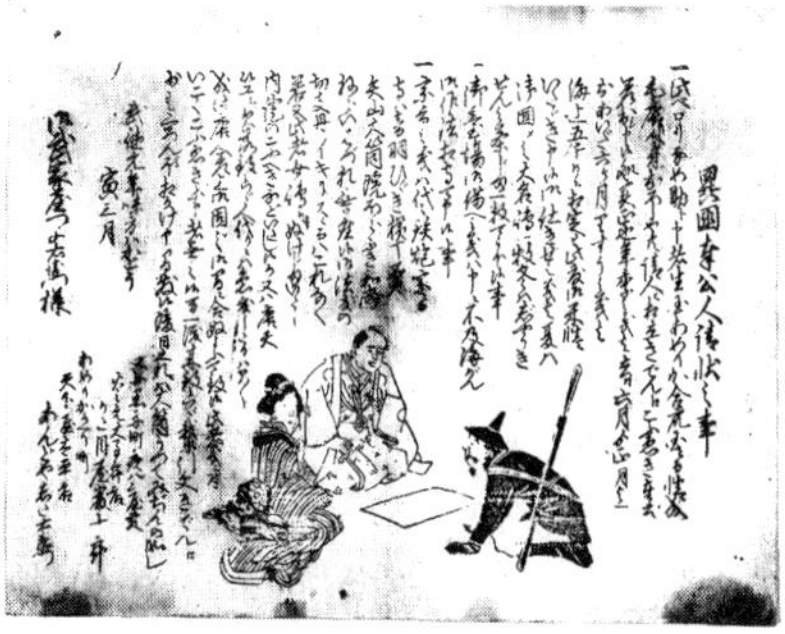

ペリー来航を風刺した瓦版（横浜開港資料館蔵）

【解説】

嘉永七年（一八五四）三月二十一日、江戸湾内に最後まで残っていた二艘の黒船が湾外に出て、二カ月以上にわたった「黒船騒動」は終わりを告げた。「亜墨理駕船渡来日記」は、各船の動向を簡単に記し、その後の部分に横浜に来航した各船についてのデータを記載した。

これらの記述については、幕府の公式記録やペリー側の記録に「亜墨理駕船渡来日記」よりも正確で詳しいものがあり、ここではそうした記録を利用して日記の記述を補っておきたい。

まずペリー艦隊の動向であるが、日本に来航した九艘の船の内、二月二十六日にサスケハナ号が清国へ向けて出航した。次いで参謀長アダムスを乗せたサラトガ号がアメリカへ帰国し、江戸湾内に残った黒船は七艘になった。

七艘の黒船は順次出航したが、最初にマセドニアン号が三月十四日に小笠原諸島に向けて出航した。三月十六日にはサプライ号とサザンプトン号が下田へ行くために碇《いかり》を上げた。

次いで三月二十日にヴァンダリアン号とレキシントン号も下田へ向かった。

こうして最後にポーハタン号とミシシッピ号の二艘の蒸気船が残ったが、この二艘も三月二十一日に下田へ出航し、「ペリー騒動」の舞台は下田へ移ることになった。

次に船に関するデータについては、いくつかの記録で異同があるが、ここでは横浜開港資料館が編纂《へんさん》した『ペリー来航と横浜』（平成十六年発行）に収録されたものを紹介する。なお、船名などについては日記の原文と一致しないが、これは日記の著者が耳で聞いた言葉を文字にしたためと思われ、ここでは現在一般に使われている船名などを使用している。

サプライ号（横浜開港資料館蔵「黒船絵巻」から）

①レキシントン号＝帆船、長さ百二十七フィート、乗組員四十五人、備砲二門、艦長J・J・グラッソン　②サスケハナ号＝蒸気船、二百五十七フィート、三百人、備砲九門、艦長F・ブキャナン　③ポーハタン号＝蒸気船、二百五十三フィート、三百人、備砲九門、艦長W・J・マクルーニー　④サプライ号＝帆船、百四十一フィート、三十七人、備砲四門、艦長A・シンクレア　⑤マセドニアン号＝帆船、百六十四フィート、三百八十人、備砲二十二門、艦長J・アボット　⑥ミシシッピ号＝蒸気船、二百二十五フィート、二百六十八人、備砲十二門、艦長S・S・リー　⑦ヴァンダリアン号＝帆船、百二十七フィート、百九十人、備砲二十四門、艦長J・ポープ　⑧サラトガ号＝帆船、百五十フィート、二百十人、備砲二十二門、艦長W・S・ウォーカー　⑨サザンプトン号＝帆船、百五十六フィート、四十五人、備砲二門、艦長J・J・ボイル。

52

英単語

和訳80語 強い関心

【原　文】

亜美理駕合衆国の咄。

亜美理駕国の内、合衆と名付候は近年の事なり。今より三百年前、日本足利義植の頃、欧邏巴人かの国に渡り開発致し、国号を新地球と申し候。然るに欧邏巴は日本より一万三千里にして阿蘭陀の隣国、亜美理駕は日本より五千里も東に当り、本国新地球と一万八千里も隔絶の地に候得ば、本国よりも政事行き届き申さず、欧邏巴も追々衰微致し時に新地球に英雄起こり、日本の安永五申の年に国号を改め、大合衆国と名付、其身、大統領と称し、暦を改め万事欧邏巴と別にして独立す。然れども余りに新国なる故に欧邏巴の紀年千八百五十年と号し来り候由。南北亜美理駕千五百余州の内に支配千二百州もこれある由。暦は欧邏巴は周制建子の暦と申して北極の柄北子の方へ指して夜の明くるを正月元日とす。日本の今十一月初め、亜美理駕は殷制建丑の暦と申して北斗の柄丑の方を指して夜の明くるを正月元日とす。日本今の十二月初め、日本は憂制建寅の暦、北斗の柄東寅を指して夜の明くる。即ち今の正月元日なり。右は夏殷周の開国聖人の制作にて三暦共に天理にかない候得共、日に大間違いこれあるは疑うべし。其一、二を挙げ申しなば昨年丑の六月渡来の時、上申の内に、「西国欧邏巴紀年千八百五十二年十一月十三日は吾国政を建てしより七十七年壬子十月六日」右の通りにこれあり候得ば欧邏巴と亜美理駕との一月違いは承知に候得共、外に日数七日計り間違いこれあり。又、亜美理駕と日本と日数の違い、二月四日、船中に死し候者の塔婆に二月六日とこれあり。又、三月五日の日に四月八日と申し祭礼仕り候。これも一月違いは承知に候得共、日数二、三日の違いこれあり。不思議、これ閏余大小の間違いにて然るか知らず。併し、此節、月と汐の様子にては亜美理駕の方、正しきに似たり。欧邏巴と日本とは日数十日の余違いこれあるは尚々不思議なり。

亜美理駕月割の名。正月(エネロ)、二月(ヘビシロ)、三月(アイシロ)、四月(アゴス)、五月(マロ)、六月(フウニヤウ)、七月(フウチロー)、八月(キチエンフリ)、九月(ノヘエンブリ)、十月(キドブリ)、十一月(シロエンブリ)、十二月(セトエンブリ)、一ヶ月(タルメロ)、一年(デフノヤシス)。右の通り申し候由、漂流記、奉行所御調書に見えたり。一(1、ヲン)、二(2、トウ)、三(3、トリイ)、四(4、フンヲ)、五(5、フハイル)、六(6、セキロ)、七(7、サベン)、八(8、ユル)、九(9、ナイン)、十(10、テン)、二十(20、ヘンテ)、三十(30、テレニタイ)、四十(40、タツレンタン)、五十(50、シンコンセンタン)、六十(60、ヒエタン)、七十(70、センタン)、八十(80、キヲレンタン)、九十(90、ノヘンタン)、百(1OO、セントン)、千(1OOO、セン)。右の通り申し候由。大筒(アンカトン)、階子(タルゾ)、鍬(シャホリ)、頭巾(キャップ)、龍吐水(インスイ)、男馬(トウシ)、女馬(ホウシ)、沓(タツフ)、茶(テイ)、茶碗(ラタ)、酒(ウエン)、火(ハイロ)、棒(ベラ)、鳩(ヘナン)、飴(ライケン)、蛇(シナイ)、蛙(クロキ)、雨蛙(ソレ)、大根(タレシ)、土(ムリ)、麦(ボイ)、芋(ヤム)、真木(ハクシロ)、杉(ヤワラ)、鬚(ソレカロ)、舌(トン)、額(ハアルリ)、鼻(ノヲス)、手(ハンロ)、首(ネカ)、目(アリ)、髪毛(ハロ)、耳(イエル)、足(ネイ)、歯(テイ)、口(マウム)、松(ハツエン)、竹(ウルイメ)、米(ラエイス)、男(マロネ)、女(モメ)、矢立(エキソン)、徳利(ラヤン)、桶(ドウ)、井籠(サイローテン)。

【意　訳】

アメリカ合衆国の話。

国名に「合衆」という言葉が付くようになったのは近年のことです。今から三百年前にヨーロッパの人がアメリカに渡り国を造りましたが、その時の国名は「新地球」だったそうです。ヨーロッパというのは日本の西方に位置し、一万三千里離れた場所の地名です。また、アメリカは日本の東方五千里に位置し、アメリカとヨーロッパは一万八千里も離れていることになります。そのため、次第にヨーロッパから独立する気運が高まり、安永五年（一七七六）に一人の英雄が立ち、国名を大合衆国と改めヨーロッパからの独立を果たしました。南北のアメリカ大陸には千五百以上の州がありますが、千二百の州を「合衆国」が支配しています。使っている暦も日本とは違っています。暦は中国の聖人が作りましたが、暦によって日付がまったく違います。ヨーロッパで使用している暦とアメリカで使う暦も違っています。また、アメリカと日本の暦の場合も日付に相違があります。たとえば、二月四日にペリー艦隊乗組員が死去しましたが、その塔婆には三月六日死去と書いてあります。また、三月五日に四月八日の祭をおこなうと乗組員が話していました。なんとも不思議です。

（以下、英単語の和訳については省略、原文参照）

【解説】

「亜墨理駕船渡来日記」は、日記の付録として アメリカ合衆国の歴史と暦についての簡単な解説を収録した。また、英単語についても約八十の言葉を選んで和訳を掲載した。

英単語は耳で聞いた言葉をそのままカタカナで表記したため、どんな言葉だったのか分からないものも多い。しかし、当時の人々が英語に強い関心を持ったことは間違いない。

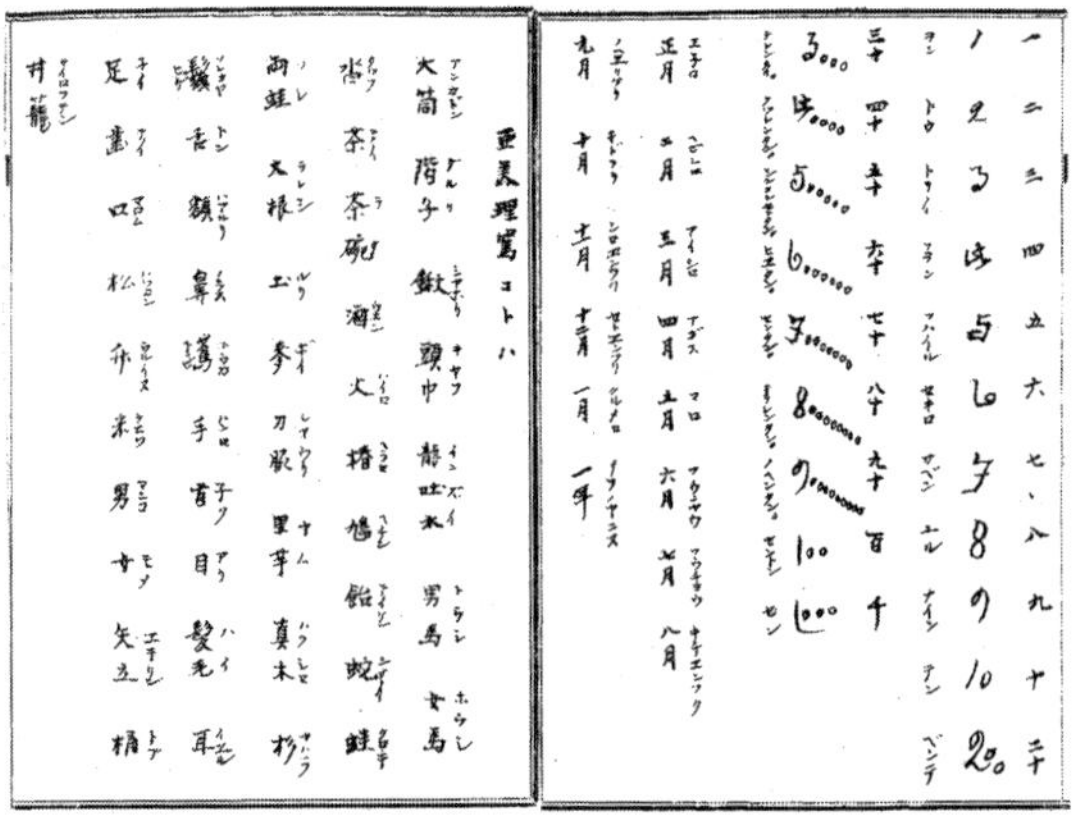

「亜墨理駕船渡来日記」の類本に記された英単語。
発音がカタカナで表記された（横浜開港資料館蔵）

53 改葬 横浜の歴史幕開け

【原文】

当春二月十一日、増徳院境内へ埋葬の異人、下田表へ持ち越し改葬のため五月十八日昼九ツ時、御徒目付・御小人目付・浦賀奉行・組与力・同心、外々阿蘭陀通詞一人ならびに異人二人、下田表を十七日に出帆し来る。其談合は当三月十三日。当浦出帆の異船、小芝沖に七日滞留、廿一日に下田へ参り、八艘の内、三艘本国へ帰帆。四艘松前箱館へ、来年より渡来の節、碇泊場見置きのため参る。下田にただ一艘残り居り候船、当五月初めより頻りに願い横浜へ参り致したく旨申し出し、荒々御聞き済み、五月十四日、横浜へ帰帆仕るべく候処、十三日、箱館より三艘下田へ帰帆す。右に付、十四日、十五日、十六日、三日の間、応接これあり。尤も入海の砌、異人雷鳴に恐れ、帆柱の中段より落ち相果て申し候。右の死骸、柿崎玉泉寺へ埋葬仕り候。尤も以来近海にて相果て候異人残らず当寺に埋むべき儀定めに成り、右に付、横浜の異人を持ち越し候。

五月十八日、異人改葬これあり。村方より御支配への達書。武州久良岐郡横浜村役人総代年寄沖右衛門申上げ奉り候。当村増徳院へ先達て亜美理駕人埋葬に相成り候処、此度、豆州柿崎玉泉寺へ改葬に相成り、下田奉行御組衆ならびに御目付様方、異人一同御乗船御立会、諸事御取計らい御座候に付、右組衆より御達しこれあり候得ば早御注進申し上ぐべく、御出役御座候段は当十七日出の御書付到来畏れ奉り候。然る処、右は御徒目付安藤伝蔵様、御小人目付小林猪太郎様、中川鉄助様、下田奉行御組与力合原操蔵様、同御組同心込山喜太郎様、外に一人阿蘭陀通詞志筑辰一郎様ならびに異人二人共に押送船へ御乗組み、一昨十八日昼九ツ時に至り海岸へ御着船に相成り、兼ねて増徳院へ埋葬の異人、此度、下田表へ御持ち越しに相成り候間、其旨心得べき様仰せ渡され候間、右は其筋より御沙汰も御座候得とも此段申し候処、其筋よりの御達しは定めて相渡り申すべく候間、右等の儀も相心得候様仰せ渡され埋葬の異人掘り出し、昨十九日朝七ツ半時頃、御一同下田表へ御帰船に相成り、右の始末訴え出のため罷り出るべく儀に候処、同日昼四ツ時に至り前書御書付、保土ケ谷宿より継ぎ送り候次第に付、始末御訴え申上げ候儀一日延引に及び候。此段申上げ奉り候。以上。

寅五月廿日

【意　訳】

嘉永七年二月十一日に横浜村の増徳院境内に埋葬されたペリー艦隊乗組員の遺体を下田（静岡県）に改葬するため、五月十八日午後、徒目付・小人目付・浦賀奉行をはじめ同奉行所の役人や通訳がやって来ました。アメリカ人二人も下田を十七日に出発し横浜村に到着しました。改葬については三月十三日に話し合いが持たれました。今回、下田に停泊していたペリー艦隊の内、三艘はアメリカに帰り、四艘は箱館へ下見に出向きました。下田には一艘だけが残りました。この一艘が五月十四日に横浜に来航しました。また、十三日に三艘が箱館から下田へ入りました。ところで落雷があった時、雷を恐れて帆柱から甲板に落ちて死亡した乗組員がいました。この遺体は下田の玉泉寺に埋葬しました。この時、日本近海で死亡したアメリカ人は玉泉寺に埋葬することが決められ、これにともない横浜に埋葬していた遺体も下田に改葬することになりました。

なお、五月十八日に遺体の改葬がおこなわれた際に横浜村の村役人が幕府に提出した文書を紹介します。今回、横浜村増徳院に埋葬したペリー艦隊乗組員の遺体を下田の玉泉寺に改葬することになりました。そのため、下田奉行や目付、アメリカ人が改葬に立ち会いました。また、彼らから命令が出されることがあると伝えられました。今回、担当の役人は徒目付の安藤伝蔵様、小人《こびと》目付の小林猪太郎様、中川鉄助様、下田奉行所の合原操蔵様、込山喜太郎様などです。このほかにオランダ語の通訳である志筑辰一郎様がアメリカ人とともに小船に乗ってやって来ました。彼らは村役人に遺体の改葬をするので承知するようにと言いました。こうして遺体を掘り起こし、五月十九日に下田に帰りました。この顛末《てんまつ》を幕府に知らせるために十九日に保土ケ谷宿を経由して江戸へ報告書を差し出すことにしました。

寅《とら》五月二十日

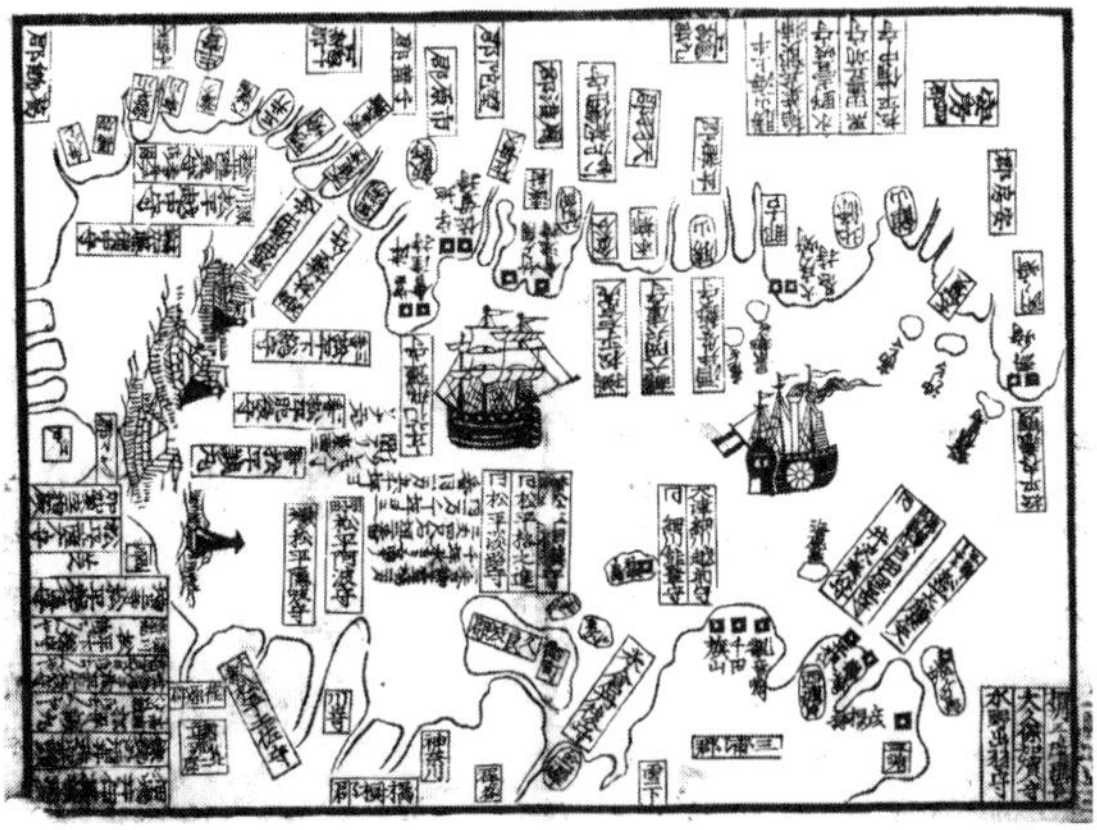

江戸湾の防衛体制を描いた瓦版。下が三浦半島
（横浜開港資料館蔵）

【解説】

明治三十一年（一八九八）九月十一日、横浜貿易新聞は「亜墨理駕船渡来日記」の掲載を終了した。最後に掲載された日記は、嘉永七年（一八五四）五月にペリー艦隊乗組員の遺体を下田の玉泉寺に改葬したことを伝えるものであった。

この時、幕府は横浜にはアメリカ人が来訪することがなくなったので遺体を横浜から下田に改葬することを決定したといわれている。事実、横浜はそれからしばらくの間、外交の舞台になることはなかった。

しかし、安政六年（一八五九）になると、

「ペリー艦隊日本遠征記」に収録された下田の女性の絵（横浜開港資料館蔵）

横浜は開港し、その後、横浜は日本第一の国際都市へと変貌《へんぼう》した。横浜が開港場になるのに際して、この地が日米和親条約締結の地であったことがどのような影響を与えたのかについては簡単には答えられない。

しかし、幕府首脳が、日米和親条約締結の過程で、横浜村の前面に深い水深を持つ良港があること、横浜に市街地を建設できる平たんな場所があること、江戸から適度に離れていることなどを実感したことは間違いない。つまり、彼らは江戸湾内に開港場を置くならば横浜が最良の場所であることを日米和親条約締結の過程で認識したことになる。ペリー来航は横浜発展の原点であり、「亜墨理駕船渡来日記」の記述が終了した後、横浜の新たな歴史が始まった。ペリー艦隊乗組員の遺体の改葬は、下田へのハリス着任、そして日米修好通商条約締結という新たな物語の幕開けでもあった。

54

書誌 庶民知る一級資料

【解説】

ここまで横浜貿易新聞に掲載された「亜墨理駕船渡来日記」を紹介してきたが、最後に日記の書誌と歴史史料としての価値について考えてみたい。既に紹介したように、この日記はペリー来航当時に北方村（現在、横浜市中区北方町）の植木家に寄留していた禅僧が記したといわれている。しかし、この伝承は、日記が横浜貿易新聞紙上で翻刻された明治三十一年（一八九八）当時に、横浜貿易新聞の記者が植木家から聞いた話であり確証はない。この時、ペ

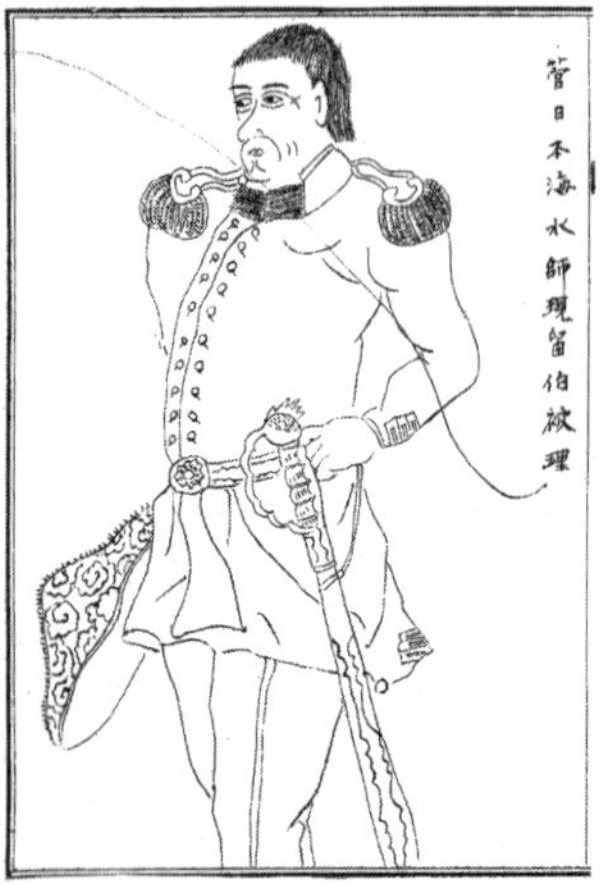

「亜墨理駕船渡来日記」の類本に収録されたペリーの肖像画（横浜開港資料館蔵）

リーが来航してから四十年以上が経過しているから、伝承のすべてが正しく伝えられたかどうかが分からないのである。

しかし、日記を読む限り記述はかなり正確で、ペリー来航を目のあたりにした人物が記したことは間違いない。かつて日記の写本を読んだ歴史家石野瑛氏は、こうした記録が作られた理由として「当時の人々にとってペリー来航は晴天の霹靂《へきれき》であり、多少とも文章が書ける人は見聞きしたことを記録せずにはいられなかった」と述べたが、正しい指摘であろう。幕末の農民階層の識字率は現在の人々が考えているよりもはるかに高いものであり、さまざまなペリー来航に関する記録が庶民の間で作られたことは間違いない。「亜墨理駕船渡来日記」は、そうした記録の中でも興味深い記述を多く含むものである。

ところで、本書で紹介した「亜墨理駕船渡来日記」には多くの類本があったことが確認されている。管見の限りでも、石野瑛氏が昭和四年（一九二九）に「武相叢《そう》書」に収録した類本、横浜開港資料館が所蔵する類本などがある。しかし、これらの類本は、本書で紹介した日記を写したものと考えられ、横浜貿易新聞に掲載された日記が原本と考えられる。

その理由として、類本と比べて記述が詳しいことを挙げることができる。たとえば、嘉永七年（一八五四）二月十日の記述を比べてみると、本書で紹介した日記（九四頁の原文を参照）には、この日にペリーが幕府に文書を手渡したことが記されている。しかし、石野氏が紹介した類本には、同じ部分に「ペリーが持参した文書には機密に関する記載が多く、幕府を憚《はばか》るので記述を省く」と記されている。類本は中村（現在の横浜市中区南西部から南区にかけての地域）の村役人をつとめた石川家が作成したもので、石川家では村役人という立場上、原本から写本を作成する際に記録として残すべきではないと考えた記述を省いたと推測される。

また、今回紹介した日記にはペリーが和歌

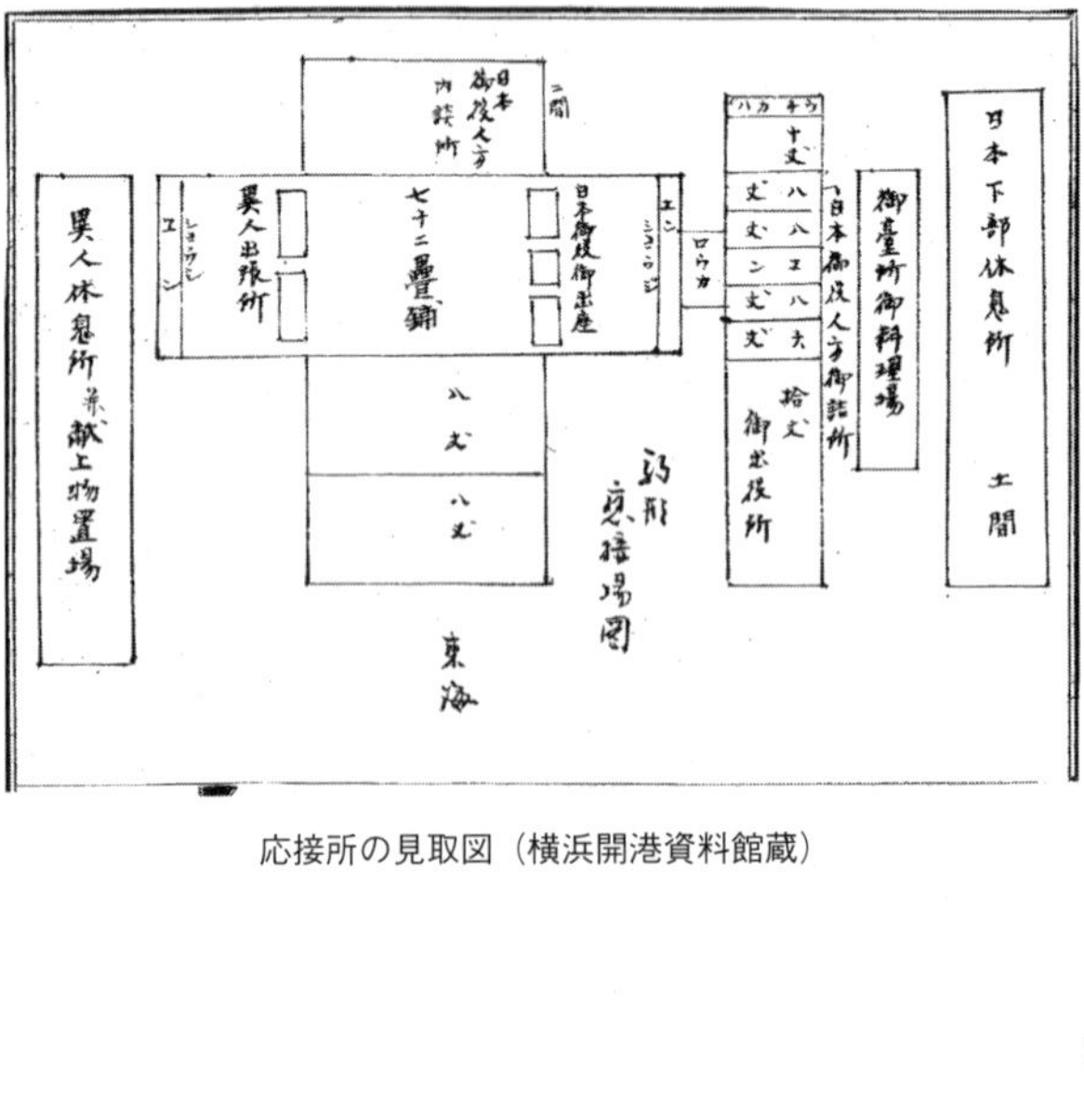

応接所の見取図（横浜開港資料館蔵）

を詠んだという記述があるが、こうしたあり得そうもない記述は類本にはみられない。また、わずかではあるが類本にしか記されていない記述や類本と原本の日付が違っている記述もある。これは、石川家が写本を作成する際に若干の編集作業をおこなったためと考えられる。記録が作られて百五十年が過ぎ、作成経過については分からない点が多いが、記述の詳しさから見て類本とくらべて横浜貿易新聞の翻刻した日記がもっとも歴史史料としての価値が高いようである。

次に、日記が書かれた時期であるが、内容から見てペリー帰国直後に記されたと推測される。ペリー情報は、横浜が開港し、外国人が珍しい存在ではなくなると価値を失うと考えられ、ペリー来航に関する記録は、ペリーの帰国から横浜が開港した安政六年（一八五九）までの時期に編纂《へんさん》されたと推測される。ただし、日記の記述の中にペリー艦隊随行画家ハイネの絵の写しを後になって金沢（現在、横浜市金沢区）で見たと記した部分があり、少し時間が経過してから加筆したと思われる部分もある。しかし、大部分はペリー帰国直後に記されたと考えてさしつかえない。

ちなみに「亜墨理駕船渡来日記」は、伝承を信じるならば、村人たちに日常的に接していた人物が記したものである。また、伝承が間違っていたとしても、内容から見て庶民階層に属する人物が記したものであることは間違いない。つまり、この史料は、庶民がペリー来航をどのように感じていたのかを知るための一級史料であるといえる。言葉を変えるならば、この史料は、庶民が国際化・近代化していく出発点となったペリー来航の意味を考える一級史料であるといえるのである。

55 原点 「国際化」する庶民

【解説】

嘉永七年（一八五四）にペリーが来航し、幕府と日米和親条約を結んだことはよく知られている。しかし、「亜墨理駕船渡来日記」に記されたように艦隊乗組員と日本人が多彩な交流を繰り広げたことは案外知られていない。ペリー来航以前の日本では庶民が海外の情報を入手することは大変難しかった。二百年以上もの間、日本はオランダ・中国・朝鮮以外の国との交渉を閉ざし、入ってくる情報も限定的なものであった。また、海外に関する情報は幕府が独占してしまうことが多かった。こうした状況を一気に変えたのがペリー来航であり、日米交渉が庶民の目の前でおこなわれたため、幕府も情報統制を完全にすることができず、人々は国際社会の実態を知ることになった。

たとえば、「亜墨理駕船渡来日記」の冒頭ではペリー艦隊のことを「異国船」としか記していないが、やがて日記の各所に「亜墨理駕船」という言葉が見られるようになっていく。また、「異人」という表記だけでなく乗組員一人ひとりのプロフィールなども記されるようになり、庶民が乗組員の国籍や民族や人種などに関心を持ち始めたことを知ることができる。さらに、日記を読んでいるとイギリスやロシアの動向についても触れた部分があり、多様な国家がさまざまな国家戦略に基づいて行動していることを庶民が知り始めたことがうかがえる。言葉を変えるならば、日本人一人ひとりが民族や人種の問題を含む複雑な国際関係の中でどのように行動したら良いのかを考え始めるきっかけがペリー来航であったと言える。

しかし、庶民が海外の情報を入手できるようになったとはいえ、情報の入手経路は限定されたものであった。日記の著者は、幕府や藩の役人、あるいは乗組員と接触した人物から情報を入手し、自分の体験を加えて日記を書いたと思われるが、さまざまメディアが氾《はん》濫《らん》する現代社会に生きている我々が日記を読んでみても、かなり正しい情報を手にしていることに驚かされる。「亜墨理駕船渡来日記」は、現在のような情報化社会の到来が必ずしも正しい情報を伝えることにはならないことを教えてくれる。

ところで、「亜墨理駕船渡来日記」の中でもっとも興味深い記述は、日米交渉の過程で村人がペリー一行に親しみを持ち始めたことを記した個所である。たとえば、三月十日の日記には、村人と乗組員との交流が進んだ結果、鉄砲を持って上陸する乗組員がいなくなったと記されている。一方、村人も乗組員が上陸するとあいさつするようになり、日記の著者は別れが少しつらいとまで述べている。日米交渉の過程では、戦争を避けつつも鎖国政策を維持したいと考える幕府と日本を開国させることによってアメリカ合衆国の権益を守ろうとするペリーが激しくぶつかった。しかし、「亜墨理駕船渡来日記」を読んでみると、幕府全権とペリーが対立し続けている間に、村人たちは艦隊の乗組員と交流を深めていったことが分かる。

日米和親条約締結後、幕府の役人の中にも貿易開始に向けて動きだす人々が増えていくが、庶民は意識するしないにかかわらず、幕府に先立ち国際化への道を歩み始めたといえるのかもしれない。また、ペリーとの交渉の過程で幕府が示した鎖国を維持しようとする「閉鎖性」は、その後も続いたといわれている。たとえば、横浜で貿易が開始された安政六年（一八五九）以降になっても、外国人は横浜に置かれた「居留地」以外に住むこと、

「居留地」の外で商売することが許されなかった。また、外国人の土地所有や国際結婚にも制限が加えられた。こうした制限は、西欧諸国の「外圧」に対抗しつつ、独立をまっとうできる権力と経済力を作り出すために必要な政策であったが、日本の権力は外国に対して「閉鎖性」を長く持ち続けたことになる。

しかし、横浜の庶民は、さまざまな国と民族、そして人種が渦巻く国際都市にあって、権力の意向に関係なく外国人に対しての「開放性」を示していった。もしかすると、そうした原点がペリー来航にあったのかもしれない。国家と個人の

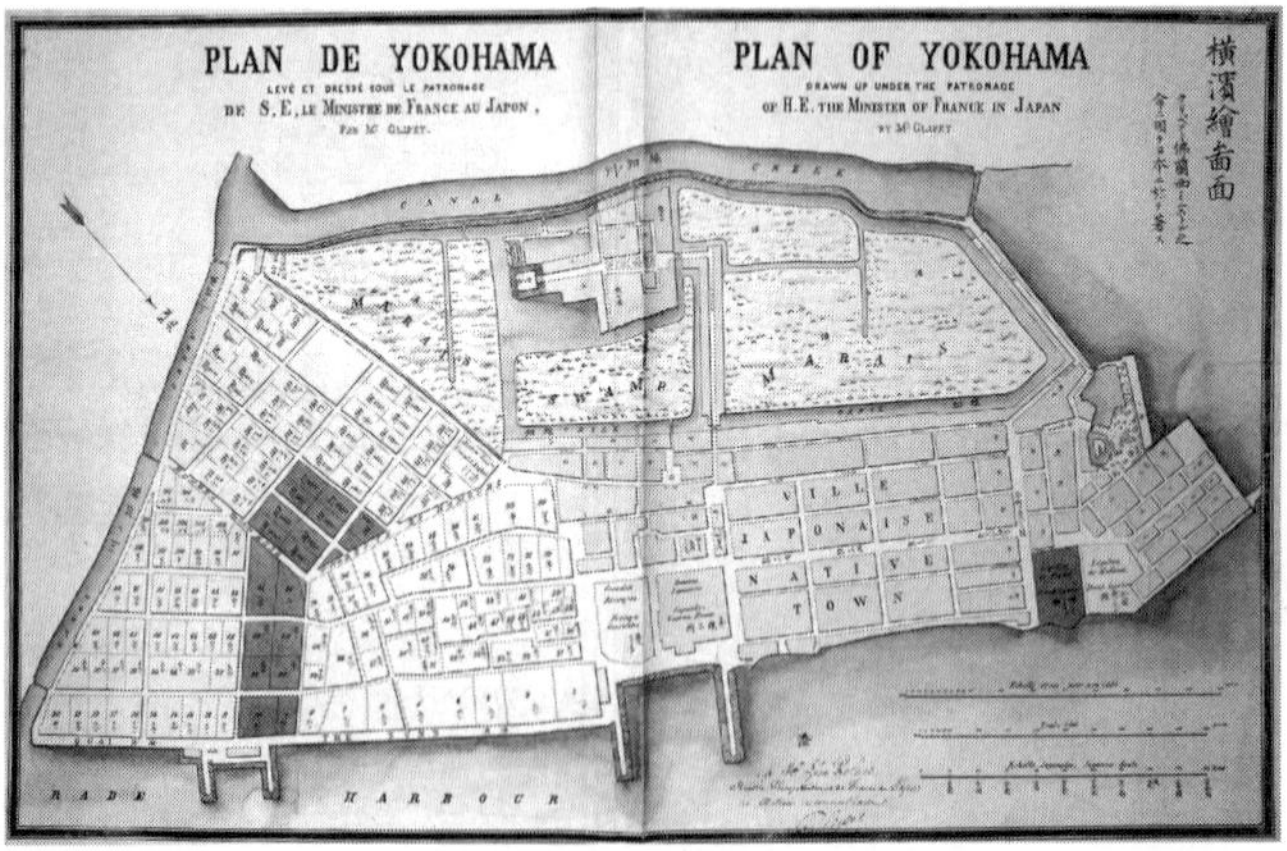

開港後の横浜市街地を描いた地図。中央の波止場付近がペリー上陸地点。波止場をはさんで左側が外国人居留地現在、中華街を中心とする地域、右側が日本人居住区。地図の上部に描かれた川のところに、現在ＪＲ根岸線が通っている（横浜開港資料館蔵）

関係に関する問題、民間レベルでの国際交流に関する問題、戦争と平和に関する問題、情報が社会変革に果たす役割に関する問題など、「亜墨理駕船渡来日記」はペリー来航の様子を伝える貴重な記録であるだけでなく、さまざまな問題を考えさせてくれる記録である。そして、ペリー来航百五十年を経た現在、我々は横浜の歴史の中からなにを学び、世界と日本に何を発信することができるのだろうか。もう一度、「亜墨理駕船渡来日記」を読み直しながら百五十年前に思いを馳せていただければと思う。

著者略歴

西川　武臣（にしかわ　たけおみ）

昭和30（1955）年、愛知県生まれ。昭和54（1979）年、明治大学大学院博士前期課程修了。横浜開港資料館主任調査研究員。博士（史学）。著書に『幕末・明治の国際市場と日本』（雄山閣出版）、『江戸内湾の湊と流通』（岩田書院）、『神奈川県の歴史』（共著、山川出版社）、『横浜開港と交通の近代化』（日本経済評論社）など。

＊本書は2005（平成17）年１月から３月にわたって、神奈川新聞に連載されたものに、加筆・修整を行ったものです。

亞墨理駕《アメリカ》船渡来日記
―横浜貿易新聞から―　　かなしん150選書　02

2008年８月23日　初版発行

編著　西川武臣
発行　神奈川新聞社
〒231－8445　横浜市中区太田町2－23
電話　045(227)0850（出版部）

Printed in Japan　　ISBN　978-4-87645-426-6　C0021

三溪園100周年　原三溪の描いた世界

三溪園保勝会　編

人々に開かれた庭として実業家・原三溪がつくりあげ、今も多くの入園者で賑わう名庭、三溪園。その百年の歴史を、美しい写真、豊富な資料によってひもとく。

■A4変型判186頁／1890円（本体1800円＋税）

ハマの建物探検

横浜シティガイド協会　編

近年、再開発・企業合併など経済動向の変化で由緒あるビルが取り壊されている。貴重な「歴史の証人」である横浜の洋館建築72館を横浜シティガイド協会が紹介。

■四六判176頁／1050円（本体1000円＋税）

神奈川の東海道（上・下）

神奈川東海道ルネッサンス推進協議会　編

古代から現代までの神奈川の東海道の歴史を集大成。豪華執筆陣と豊富なカラー図版による決定版！

■B5判　上・260頁　下・264頁／各1890円（各本体1800円＋税）